자기주도적
학습전략
시리즈

2

공부의 달인이 되는

주의집중력 향상 전략

전도근 저

학지사

머리말

주의집중력이란 마음이나 주의를 한곳에 모으는 힘으로서, 공부에서 '주의집중력'이란 학습의 가장 기본적인 원동력이고, 암기력의 가장 핵심적인 요소다. 결국 주의집중력이 성적을 좌우한다고 해도 과언이 아니다. 수업을 듣는 데에도 주의집중력 없이는 불가능하다. 집중하지 않고 수업을 듣는 것은 시간만 낭비하는 결과를 가져오고, 주의집중력이 높으면 수업을 듣는 것만으로도 기억으로 연결시킬 수 있다.

주의집중력은 기본적인 일상생활뿐만 아니라 공부나 일을 하는 데에도 꼭 필요한 능력이다. 주의집중력이 높은 사람이 공부도 잘하고, 삶을 성공적으로 이끌 가능성이 높다. 그러므로 학생의 미래는 주의집중력에 달려 있다고도 할 수 있다. 그런데 요즘 들어 게임, 컴퓨터, 텔레비전, 음식, 놀이 등 급격한 환경 변화로 학생들의 주의집중력이 현저히 떨어지고 있다. 이와 같은 낮은 주의집중력은 성적 부진과 소심한 성격, 대인관계 기피와 직결된다.

결국 공부에서 성패를 결정짓는 것은 공부에 온 정신을 모을 수 있는 주의집중력의 유무다. 아무리 머리가 좋아도 주의집중력이 없으면 암기가 잘 안 되고 결과는 나쁠 수밖에 없다. 반면에 머리가 나쁘다고 해도 집중해서 차근차근 암기하다 보면 좋은 결과를 얻을 수 있다. 효율적인 학습을 위해서는 주의집중력이 반드시 필요하다.

이 책은 『자기주도적 공부습관을 길러 주는 학습코칭』의 주의집중력 실천편으로서, 이 한 권만 다루면 주의집중력이 향상되어 공부에 도움이 되도록 하였다. 크게 3개의 장으로 구성하여 제1장에서는 주의집중력의 개념을 정의하고, 제2장에서는 주의집중력 향상 전략을 다루었으며, 제3장에서는 주의집중력 향상을 위한 활동을 소개하였다. 이 책에서 제시하고 있는 다양한 주의집중력 향상 훈련을 하다 보면 주의집중력이 커지고 높아지는 것을 체험하게 될 것이다. 이 책으로 함께 공부하는 과정에서 학생들이 잃어버렸던 공부에 대한 관심과 의욕을 되찾고, 배움의 즐거움을 느끼게 되리라 확신한다.

2010년
저자 전도근

차 례

제1장 주의집중력은 학습의 기본이다

제2장 주의집중력 향상 전략

제3장 주의집중력 향상을 위한 활동

이 책의
활용요령

이 책은 집중력 향상을 위한 다양한 프로그램으로 구성되어 있다. 공부가 안 된다거나 공부를 못하는 학생들과 상담을 해보면 주의집중력이 부족하여 좋은 결과를 얻지 못한다는 것을 알 수 있다. 주의집중력이 부족하다 보니 성적이 제대로 나오지 않고, 공부에 대한 재미도 없을 뿐더러 자신감을 상실하여 공부를 싫어하게 되는데, 이러한 학생들을 보면 안타까운 마음이 든다.

이 책은 시험문제 풀듯 접근하면 효과가 없다. 정답을 생각하면서 그 정답에 나의 생각을 맞추는 식의 공부 방법을 고집한다면 이 책을 보지 않는 편이 더 낫다고 말할 수 있다.

이 책에는 각 장 별로 다양한 검사와 연습문제, 활동이 있다. 활동은 단계적으로 수준에 맞게 주의집중력을 높일 수 있도록 문제를 구성하였다. 학습코치는 이 책의 모든 문제가 그렇듯 주의집중력을 기르는 것이 목적이지 정답을 구하는 것이 목적이 아니라는 것을 잊어서는 안 된다. 학생들은 문제풀이에 익숙해져 있기 때문에 모범답안이 없으면 불안해하는 경우가 있다. 그러나 우리가 살아갈 세상은 모범답안이 있는 문제집 속의 세상이 아니다. 더 많이 생각하고 고민하는 사람이 앞서 나가는 시대다. 'work hard'가 아닌 'think hard' 할 수 있도록 어릴 때부터 습관을 기르는 것이 무엇보다도 중요하다.

주의집중력을 향상시키는 전략을 지도하기 위해서는

첫째, 회차별 지도 계획에 의거하여 학습코칭을 한다.
둘째, 검사가 있는 경우 먼저 검사를 통해서 학생의 상황을 점검하여 부족한 부분을 중점적으로 지도한다.
셋째, 주의집중력 향상 전략을 지도한다.
넷째, 단원별로 마련된 활동지를 이용하여 주의집중력을 향상할 수 있도록 지도하는데, 먼저 지도요령(✋)
을 충분히 읽고 활동지를 작성하는 방법과 목적을 충분히 설명해 준 다음 작성하도록 한다.

활동을 하는 도중 학습코치가 기존의 교육 방식대로 모범답안을 요구하게 되면 학생의 주의집중력은 더 이상 진전되지 않을 것이다. 따라서 어떤 대답이든 긍정적인 자세로 받아들이는 열린 마음이 필요하다. 수업 중 칭찬과 격려가 주의집중력을 촉진시키는 강한 동기가 된다는 점도 잊지 말아야 한다.

다음에 제시되는 지도 계획과 세부 내용은 참고할 수 있는 하나의 예이다. 이것을 참고하여 학생의 수준과 상황에 맞게 다양한 방법으로 프로그램을 이끌도록 한다.

회차	프로그램	세부 내용	비고
1	주의집중력은 학습의 기본이다	주의집중력에 대한 개념 이해 주의집중력이 필요한 이유 알기	
2	주의집중력 향상 전략	몸의 상태를 최상으로 유지한다.	활동 1
3		주변을 쾌적한 환경으로 바꾼다.	활동 2
4		스트레스를 해소해야 주의집중력이 생긴다.	
5		공부 습관을 바꾼다.	
6		나태함과 뒤로 미루는 습관을 버린다.	
7		시간 활용으로 주의집중력을 높인다.	
8		주의집중력 장애요소를 제거한다. 다이아몬드 존의 앞쪽에 앉는다.	활동 3, 4
9	주의집중력 향상을 위한 활동	잔상으로 주의집중력 높이기	활동 5
		숫자 순서대로 찾기)	활동 6
10		알파벳 순서대로 찾기	활동 7
		한글 순서대로 찾기	활동 8
		미로 찾기	활동 9
11		다른 그림 찾기	활동 10
		숨은 그림 찾기	활동 11
12		숫자 정글	활동 12
		수 세기	활동 13
		수 계산하기	활동 14
13		끝말 잇기	활동 15
14		영어 단어로 끝말 잇기	활동 16
15		순서 추리하기	활동 17
		문장 띄어쓰기	활동 18
		잘못 쓴 단어 찾아 고치기	활동 19
16		낱말 퀴즈 풀기	활동 20
17		속담 빈칸 채우기	활동 21
		이야기에서 글자 찾기	활동 22
18		이야기 분석하기	활동 23
		어려운 발음 따라하기	활동 24
		감정을 실어서 말하기	활동 25
19		주의집중력 체크	활동 26
		주의집중력 향상 훈련	활동 27
20		정리 및 점검	

제1장

주의집중력은 학습의 기본이다

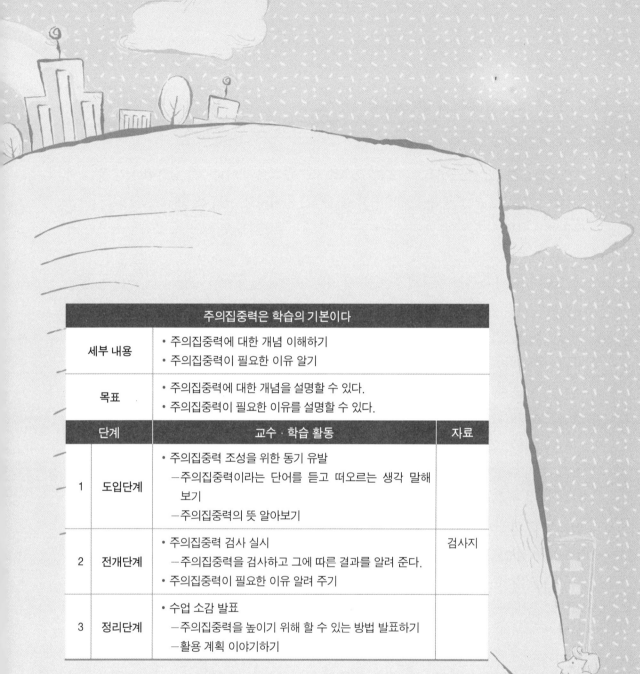

주의집중력은 학습의 기본이다			
세부 내용	• 주의집중력에 대한 개념 이해하기 • 주의집중력이 필요한 이유 알기		
목표	• 주의집중력에 대한 개념을 설명할 수 있다. • 주의집중력이 필요한 이유를 설명할 수 있다.		
단계		교수 · 학습 활동	자료
1	도입단계	• 주의집중력 조성을 위한 동기 유발 　―주의집중력이라는 단어를 듣고 떠오르는 생각 말해 　　보기 　―주의집중력의 뜻 알아보기	
2	전개단계	• 주의집중력 검사 실시 　―주의집중력을 검사하고 그에 따른 결과를 알려 준다. • 주의집중력이 필요한 이유 알려 주기	검사지
3	정리단계	• 수업 소감 발표 　―주의집중력을 높이기 위해 할 수 있는 방법 발표하기 　―활용 계획 이야기하기	

1 │ 주의집중력과 학습능력

주의집중력이란 마음이나 주의를 한곳으로 모으는 힘을 말한다. 즉, 한정된 시간 동안 지속적으로 한곳에 모든 마음을 기울이고 몰입하는 능력이다. 공부할 때의 주의집중력이란 주변에서 어떤 일이 일어나든지 의식적으로 자신의 주의력을 한곳, 즉 공부하는 데에만 기울이는 능력을 말한다.

주의집중력이 부족하면 금세 끝마칠 수 있는 공부도 오랜 시간 붙들고 있게 되고, 공부 중에는 멍하니 딴생각에 빠져 있거나, 좀 전에 공부한 것을 금방 잊어버리거나, 의자에 잠시만 앉아 있어도 몸을 비튼다.

대부분의 사람들이 주의집중력은 선천적으로 결정되기 때문에 변화시킬 수 없다고 생각하지만, 사실 주의집중력은 훈련을 통해 향상시킬 수 있다. 주의집중력이 높아지면 자신의 심리적 환경이나 물리적 환경을 스스로 조성하거나 방해하는 환경을 조절할 수 있다.

기억을 하기 위해서는 주의집중력이 절대적으로 필요하다. 만약 주의집중력이 없다면 기억을 하기가 어려울 것이다. 주의집중력은 공부를 하는 데에 듣기, 읽기, 기록하기, 시험보기와 같은 정신활동에서 매우 중요한 역할을 수행한다. 주의집중력이 높아지면 한 번만 읽어도 모두 머릿속에 기억될 뿐만 아니라 공부를 할 때도 시간 가는 줄 모르고 빠져들게 하므로 주의집중력은 학습 능력을 키우는 데 더할 나위 없이 중요하다.

공부를 잘하는 학생일수록 공부에 집중하는 능력이 탁월하며, 그에 따라 공부 시간도 절약되고 공부를 완벽하게 할 수 있다. 그러나 주의집중력이 부족하면 같은 양의 공부를 해도 시간이 많이 걸리고 공부를 건성으로 하게 된다. 공부에 대한 주의집중력은 습관의 결과다.

2 │ 주의집중력의 다양한 모습

주의집중력의 본질을 파악하기 위해서는 우리의 생활 속에서 '주의집중력'이라는 단어가 어떻게 활용되고 있는지 살펴볼 필요가 있다.

1) 사람의 성격을 말할 때 활용된다

"그 사람은 뭔가를 할 때 주변에 무슨 일이 일어나는지 전혀 몰라." "저 아이는 주변에서 일어나는 일에 대해 관심이 많아." "그 애는 정말 책임감이 강해."라는 표현에서 주의집중력은 사람의 성격을 나타내는 수단이 된다.

2) 주변 환경에 대한 산만한 정도를 나타낸다

"시끄러워서 정신을 집중할 수 없어."라고 말하며 집중을 못하는 것이 소음 때문이라고 하지만 사실 주의집중력과 소음은 직접적인 인과관계가 없다. 예를 들어, 주의집중력이 높은 사람은 아무리 소란스러운 곳에서도 집중을 하지만 산만한 사람은 조용한 곳에서도 한 곳에 집중을 못하기 때문이다. 하지만 우리는 집중할 수 없는 것과 주의가 산만하다는 것을 자주 혼용한다. 실생활에서 혼용하여 쓰는 주의력과 주의집중력은 그 구분이 어렵지만 분명히 다른 단어다.

주의력은 주로 우뇌를 관장하며 사물을 보고 빨리 그것을 이해하는 힘이고, 집중력은 주로 좌뇌를 관장하며 이해한 것을 오랫동안 기억하는 힘이다. 예를 들어, 주의력이 높은 사람은 처음 배우는 것도 전체적인 의미와 내용을 빨리 이해하고, 집중력이 높은 사람은 한번 이해한 것을 오랫동안 잊어버리지 않는다. 반대로 주의력이 낮은 사람은 새로운 것에 대해 이해력이 떨어져 오랫동안 고생하고, 집중력이 낮은 사람은 어떤 것을 이해하고 나서도 금방 잊어버리거나 뭔가에 오랫동안 고민을 하지 못한다.

따라서 주의력이 높은 사람은 암기과목보다는 공식을 이해하고 응용하는 과학, 수학 분야를 좋아하고 집중력이 높은 사람은 암기 위주의 언어, 사회 분야를 좋아한다. 결국 공부를 잘하기 위해서는 주의력과 집중력이 어느 정도 균형을 이루어야 한다.

3) 의욕과 주의집중력은 상관관계가 있다

주의를 집중하는 힘이 있다고 해도 그것을 발휘하고자 하는 의욕이 없다면 주의집중력은 무용지물이다. '주의를 집중하는 힘'이 주의집중력을 규명하는 중요한 개념 요소의 하나지만 그것만으로 주의집중력을 설명하기에는 부족한 것이다. 아무리 주의를 집중하는 힘이 있어도 무엇인가를 하고자 하는 의욕이 존재하지 않는다면 주의집중력을 지속적으로 유지하기는 어렵다. 즉, 주의집중력의 본질을 이해하는 데 의욕은 매우 중요한 요소다.

이처럼 '주의집중력'은 단지 하나의 심리학 용어로 정의할 수 없는 단어로, 성격의 한 구성 요소로 의욕을 바탕으로 '주의'와 밀접한 관계를 갖고 표출되는 정신적 힘이다.

3 | 기질에 따른 주의집중력

심리학자들은 다양한 연구를 통해 천부적이라고 하는 재능조차도 대체로 고도의 주의집중력을 요하는 순간에 계발되고 발휘되는 능력이라는 것을 알게 되었다. 그리고 이러한 연구들에 기초하여 심리학자들은 개인의 기질과 성향을 분석하여 잠재력을 극대화하는 환경을 만들 수 있는 방법을 모색하고자 하였다.

1) Eysenck의 MPI

영국의 심리학자인 아이젠크(Eysenck)는 사람의 성격을 구성하는 가장 기본적인 요소로 외향성(적극적)과 내향성(소극적), 정서의 안정과 정서의 불안정을 들었다. 그에 따라 '외향성−내향성'을 X축으로, '정서의 안정−정서의 불안정'을 Y축으로 하는 2차원의 좌표를 기준으로 MPI(Maudsley Personality Inventory)로 불리는 성격검사를 개발하였다. 그의 이론에 따르면 내향적인 사람은 외향적인 사람에 비해 중추신경의 자극이 오랫동안 지속되기 때문에 주의집중력을 유지하기 쉽고, 정서가 안정적인 사람은 불안정한 사람보다 산만하지 않고 고도의 주의집중력을 발휘하기 쉽다고 한다. 이론에 근거한 MPI의 여섯 가지 유형에 따른 개인적 기질을 살펴보면 다음과 같다.

① 독자형

승부 근성이 강해 누구에게도 지기를 싫어하며, 감정의 기복이 심해 좋고 나쁨이 얼굴에 곧바로 드러난다. 또한 누군가에게 인정받고자 하는 성향이 강하고 즉흥적이어서 칭찬을 받으면 더 열심히 하지만 내키지 않는 일에 대해서는 집중하지 못한다. 이러한 유형의 사람은 올바른 계획을 세워 일을 진행하는 습관을 갖는 것이 중요하다.

② 신속 경솔형

머리 회전이 빠르고 아이디어가 풍부해 사물에 대한 판단력이 뛰어나지만 성격이 급해 자신의 개인적 경험에 비추어 성급하게 결론을 도출해내며 자신의 순발력에 의존해 계획성 없이 일을 추진하는 경향이 두드러진다. 이러한 유형의 사람은 한 가지 일에 전념할 수 있도록 환경을 만들어 주는 것이 중요하다.

③ 과잉 배려형

빈틈없이 일을 진행하려 하기 때문에 걱정이 많은 편이며 일을 그르칠까 하는 염려에 단호하게 결단을 내리지 못하고 우유부단하다. 다른 유형에 비해 몸에 밴 습관을 개선하려는 의지와 신념이 약하고 결단을 내린 후에도 계속 고민을 하기 때문에 변화가 더디다. 이러한 유형의 사람은 자신감을 가지고 가장 중요한 일을 먼저 처리할 수 있도록 일의 우선순위를 정하는 것이 좋다.

④ 호언 장담형

자신의 의지를 다른 사람에게 과장되게 표현하며 누구와도 원만하게 지낸다. 하지만 자신의 능력에 비해 목표를 높게 세우기 때문에 목표한 바에 실제 도달하는 경우는 드물며 다른 사람에게 의존하는 경향이 강해 계획을 자주 변경하는 편이다. 이러한 유형의 사람은 주어진 일을 책임감 있게 수행할 수 있도록 하고 해야 할 일은 뒤로 미루지 않고 완결하도록 해야 한다.

⑤ 작심삼일형

호기심이 많고 짧은 시간 동안 높은 주의집중력을 발휘하지만 의지력이 약해 쉽게 싫증을 내며 계획을 세우거나 새로운 발상을 해도 막상 그것을 실행에 옮기는 단계가 되면 좀처럼 오랫동안 관심을 유지하지 못한다. 이러한 유형의 사람은 할당된 업무 시간을 세분해 가급적 일을 짧은 시간 내에 처리하도록 하는 것이 효과적이다.

⑥ 권위 경직형

끈기가 있어서 한번 시작한 일은 끝까지 완결하지만 융통성이 부족해 독선적이며 응용력이 약해 새로운 일에 쉽게 적응하기 어렵다. 하지만 의지가 매우 강하므로 목표한 것을 이루기 위해 계획성 있게 일을 추진하며 자신이 부족한 부분을 보완하려 하기 때문에 시간이 지남에 따라 경험이 쌓이면서 학습 효과가 극대화된다.

2) Briggs와 Myers의 MBTI

융(C. G. Jung)의 심리유형론을 근거로 하여 1921~1975년에 브릭스(Katharine Cook Briggs)와 마이어스(Isabel Briggs Myers) 모녀가 개발한 심리검사 MBTI(The Myers-Briggs Type Indicator)에서도 개인의 기질과 성향이 주의집중력과 어떻게 관계 맺고 있는지를 시사했다.

제시된 개인의 여러 가지 기질과 성향을 근거로 주의집중력을 증진시키는 방법을 다섯 가지로 구분하면 다음과 같다.

MBTI 네 가지 선호 지표

지표	선호 경향	주요 활동
외향-내향	에너지의 방향은 어느 쪽인가?	주의 초점
감각-직관	무엇을 인식하는가?	인식 기능
사고-감정	어떻게 결정하는가?	판단 기능
판단-인식	채택하는 생활양식은 무엇인가?	생활양식

① 의욕 관리 주의집중법

주의집중력을 이용해 잠재력을 발휘하기 위해서는 단순히 주의를 집중하는 힘뿐만 아니라 그것을 지속시키는 힘 또한 필요하다. 아무리 일에 주의를 집중해도 일이 완전히 완료될 때까지 지속적으로 유지하지 못하면 원하는 성과를 얻을 수 없기 때문에 주의집중력을 제대로 발휘했다고 할 수 없다. 따라서 기질에 따라 의욕을 효율적으로 관리하는 방법을 터득할 필요가 있다. 여기서 의욕은 '기력'과 '끈기'의 결과로서, 의욕을 높이기 위해 희망과 목표를 설정하고 다양한 성공 경험과 칭찬을 통해 자기효능감과 성취욕을 높여주어야 한다.

② 분위기 전환 또는 심신재충전 주의집중법

권태나 싫증은 피로와 함께 주의집중력을 방해하는 요인이 된다. 피로는 일을 계속하려는 마음이 있는데도 그것을 지속적으로 유지할 수 없는 심신 상태를 가리킨다. 반면 권태나 싫증은 일을 계속 할 수 있는데도 불구하고 계속할 의욕이 없는 심리적 상태를 말한다. 피로와 권태, 싫증은 엄밀히 말하면 서로 다른 의미를 내포하고 있지만 어느 것이나 일을 쉬지 않고 계속할 경우 나타나게 되는 심리 현상이다. 따라서 피로와 권태, 싫증을 극복하고 주의집중력을 유지하기 위한 기본적인 방법으로는 몸과 마음을 재충전하는 것이 중요하다.

사람은 오랜 시간 일을 계속하면 주의집중력이 떨어지기 마련이다. 이럴 때 필요한 것이 휴식이다. 휴식의 효용을 잘 활용해서 피로를 효과적으로 조절하는 것은 주의집중력을 유지하여 일의 능률을 향상시키는 가장 좋은 방법이다. 수면은 피로 회복을 위한 최상의 방법이다. 수면이 효과적으로 이루어지지 못하면 피로는 점점 축적된다. 그런 상태에서는 어떠한 일에도 주의집중력을 발휘할 수 없다. 불면은 초조함을 낳고 스트레스로 발전되어 전체적인 생활 감각을 잃게 한다. 불면증으로 신체적, 정신적 악순환에 빠지지 않도록 평소 쾌면(快眠)법을 습관화하는 노력이 필요하다.

③ 스트레스 해소 주의집중법

스트레스를 잘 조절하기 위해서는 스트레스의 본질을 정확히 이해해야 한다. 스트레스는 원래 물리학에서 '긴장' '압력' '장력(張力)' 등을 말하는데, 캐나다의 의학자인 젤리에(Hans Selye)가 처음으로 '스트레스'라는 용어를 제창했다.

그의 정의에 따르면 사람은 외부로부터 자극을 받으면 긴장과 심리적인 갈등을 느끼게 되는데 이런 심리 상태에 적절히 적응하기 위해 비특이적 반응을 나타낸다. 이 반응은 나중에 스트레스로 발전되고, 스트레스 반응을 일으키는 자극을 스트레서(stressor)라고 부른다.

그는 스트레서를 가했을 때 스트레스가 일어나는 단계를 3단계로 나누고 이 증후군을 일반적응증후군이라고 하였다. 1단계는 경고반응기로 생체가 스트레서에 대해 적극적으로 저항을 나타내는 시기로 1~48시간 안에 반응이 나타난다. 처음에는 체온 및 혈압 저하, 저혈당, 혈액 농축 등의 쇼크가 나타나고 다음에는 그것에 대한 저항이 나타난다. 2단계는 저항기로 경고반응기를 지나고도 계속 스트레서에 노출되면 저항기로 이행된다. 스트레서에 대한 저항이 가장 강한 시기다. 그러나 다른 종류의 스트레서에 대해서는 저항력이 약화된다. 3단계는 피폐기로 스트레서에 대한 저항력이 떨어져 생체에 여러 증상이 나타나며 이러한 긴장 상태가 계속되면 생명이 위험해질 수 있다.

이처럼 스트레스가 지속되면 건강이 위험해질 수 있지만 적당한 긴장은 주어진 일에 주의집중력을 발휘하기 위한 필수 불가결한 요소다. 만약 긴장이 부족하면 마음이 느슨해지고 업무상 실수가 잦아지며 일의 능률이 오르지 않는다. 즉, 적당한 긴장감은 사람의 마음을 바로잡아 업무 의욕을 증진시키고 일의 성취감을 일깨우는 역할을 한다.

④ 자기 조절 주의집중법

불안, 초조, 공포, 분노 등과 같은 감정은 사람의 마음을 동요시켜 주의집중력을 저하시킨다. 따라서 자기 감정을 조절하는 것은 주의집중력을 높이기 위한 중요한 전제조건이라 할 수 있다.

⑤ 환경 정비 주의집중법

주의집중력을 발휘하려면 세 종류의 환경을 관리할 필요가 있다. 첫째, 물리적 환경이다. 실내의 온도, 습도, 조명, 소음, 책상 배치 등이 이 범주의 고려 대상이다. 둘째, 내적 환경이다. 심신의 상태를 가리키는 것으로서, 주의집중력을 주관하는 인간의 뇌세포는 체액(혈액과 림프액)에서 산소와 영양분을 흡수하기 때문에 체액은 뇌세포에게 '환경'의 의미로 존재한다. 뇌세포가 주의집중력을 발휘하기 위해서는 신체 외부의 물리적 환경을 잘 관리해야 할 뿐 아니라 체내의 환경도 잘 조절해야 한다. 셋째, 사회적 환경이다. 인간은 사회적 존재로서 항상 다른 사람과의 상호관계 속에서 생활을 영위한다. 인간관계가 원활하지 않으면 주의집중력에도 나쁜 영향을 미친다. 따라서 주의집중력을 발휘하려면 물리적 환경과 내적 환경(심신의 상태)은 물론 사회적 환경에 이르기까지 체계적인 관리가 필요하다.

물리적 환경을 연출하기 위해서는 우선 소음을 차단하고 쾌적한 실내 온도를 유지한다. 또한 눈의 피로를 막는 조명을 준비해야 한다. 내적 환경을 연출하기 위해서는 일상생활의 건강 관리로 몸의 컨디션을 향상시키고 규칙적인 생활을 실천해 생체 시계가 제 기능을 발휘할 수 있도록 한 다음 마음의 준비를 시작해야 한다. 이때 가장 중요한 것은 주어진 일의 의미를 정확히 인식하는 것이다. 그리고 그 일에 대해 적극적이고 전향적인 마음 자세를 갖는 것이다.

4 주의집중력에 영향을 미치는 요인

주의집중력은 학습의 효율을 높이는 데 매우 중요한 능력이다. 이 주의집중력은 매우 많은 요인에 영향을 받는데 학자들마다 약간의 견해 차이가 있다. 하지만 이러한 차이에도 불구하고 핵심적인 요인은 비슷하게 나타난다. 그러한 요인은 주거환경, 부모의 양육 태도, 가족 구성원 간의 유대관계, 교육 수준, 직업, 가족의 성격과 성장과정, 교우관계와 같은 외적 요인과 개인적 욕구, 경험, 성취감, 유전형질과 같은 내적 요인으로 구분할 수 있다.

이처럼 다양한 요인에 따라 아이들의 주의집중력이 떨어지는 경우를 살펴보면 다음과 같다.

1) 야단을 많이 맞으면 주의집중력이 떨어진다

자주 야단을 맞는 아이들은 매사 자신감이 없고 정서가 불안하기 쉽다. 아이들은 어른과 달리 아직 경험이 부족하기 때문에 시행착오를 많이 겪는다. 이때 아이가 스스로 문제를 해결할 수 있도록 기다려주어야 하는데 그렇지 않으면 아이는 점점 위축되어 불안한 정서를 갖게 된다.

2) 무기력증과 우울증이 있으면 주의집중력이 떨어진다

아이들의 우울증은 어른과는 다른 양상으로 나타나는데, 아이들은 자신이 우울하다는 것

을 잘 깨닫지 못하고, 그것을 말로 표현하지도 못한다. 이때 아이들은 몸을 잘 움직이지 않으려 하거나, 이유 없이 아프다는 말을 하기도 하고, 어떤 일에도 관심을 보이지 않으면서 기운이 없다. 이럴 때 집중을 못하는 것은 당연하다. 집중은 상당한 정신적인 에너지를 적극적으로 사용해야 하는 활동이기 때문에 우울하고 무기력한 아이들은 주의집중력이 떨어질 수밖에 없다. 따라서 평소 아이의 상태에 관심을 가지고 지켜본 후 우울증이 의심되면 관심을 많이 기울여 주고, 성취감을 느낄 수 있도록 아이의 장점을 칭찬해 주어야 한다. 사람이라면 누구나 어떤 일을 열심히 했는데도 칭찬을 받지 못하거나 못한다는 평가를 받게 되면 우울해하고 의기소침해진다.

3) 학습 의욕과 동기가 부족하면 주의집중력이 떨어진다

컴퓨터 게임을 하거나 놀 때는 오랜 시간 집중하지만, 공부를 할 때만 주의집중력이 떨어진다면 그것은 학습 의욕과 동기가 낮기 때문이다. 아이가 잘하는 것보다는 잘 못하는 여러 가지를 야단치면 아이는 의기소침해지고 공부를 싫어하게 된다. 따라서 못하는 부분을 야단치지 말고 아이의 흥미와 적성을 최대한 살펴 학습 의욕을 키워주어야 하며, 흥미를 느끼지 못하는 것에 대해서는 학습 동기를 만들어 주어야 한다. 사람은 자신이 한 일에 대해 인정을 받으면 더 열심히 하려는 의욕이 생기고, 이를 바탕으로 실력이 향상되면 성취감과 함께 학습 동기와 의지가 생길 수 있다.

4) 공부 혐오증에 걸리면 주의집중력이 떨어진다

공부 혐오증이란 공부하는 것 자체를 매우 싫어하는 것을 말하는데, 이러한 공부 혐오증이 생기는 이유는 공부와 관련해서 기분 나쁜 경험이 반복되었기 때문이다. 일단, 공부 혐오증이 생기면 아이들의 의지력만으로 극복하려하기보다는 코치가 공부 혐오증을 없앨 수 있도록 도와주어야 한다. 대개 공부 혐오증이 있는 아이들은 나쁜 공부 습관을 가지고 있다. 어렸을 때부터 주의집중력을 떨어뜨리는 공부 습관을 가지면 그것이 계속해서 학습에 악영향을 미친다. 공부에 방해가 되는 습관을 고치기 위해서는 무엇보다도 집중하기 좋은 환경을 만들어 주어야 한다. 되도록 아이의 공부방을 조용한 곳에 따로 마련해 주고 공부는 책상에서 하도록 한다. 책상에는 시각적인 방해 자극을 제거하기 위해 눈앞에 보이는 것이 없어야 한다. 벽지도 차분한 색상의 단색으로 해서 아이의 주의를 끌지 않게 해야 하고 청각적 자극을 제거하기 위해 아이가 공부할 때는 주변을 조용하게 해 주어야 한다. 지나치게 성취지향적인 아이도 집중을 잘 못하는데 다른 사람에게 지는 것을 못 견디고 일등을 해야만 한다는 강박관념은 스트레스로 이어진다. 그러므로 공부에 지나치게 강박관념을 갖지 않게 해야 한다. 이런 아이들은 공부의 부정적인 측면을 두려워한다. 공부의 즐거움은 모른 채 '지면 안 돼'라는 생각에 사로잡혀서 힘든 것을 참아내는 데 모든 에너지를 쏟는다. 이것은 부모, 교사, 학교 분위기, 매스컴의 영향이 크다. 그러므로 부모나 코치는 최선을 다해야 하지만 실수할 수도 있고, 모든 것을 다 잘할 수는 없다는 것을 아이가 받아들이고 마음의 여유를 가질 수 있도록 가르쳐야 한다.

5) 뇌 기능에 문제가 있는 경우 주의집중력이 떨어진다

주의력 결핍 및 과잉행동장애처럼 주의집중력이 매우 부족한 경우는 뇌에서 작용하는 신경전달물질의 이상 때문일 수도 있다. 주의력 결핍의 경우 타고나는 특성도 중요하지만 심리적 환경도 매우 중요하다. 생애 초기부터 기질이 부산스럽고 다루기 힘든 아이의 경우, 양육자가 어떻게 반응하느냐에 따라 주의집중력이 개선될 수도 있고 더 악화될 수도 있다. 기질적으로 주의집중력이 부족한 성향을 타고난 데다가 부모의 잘못된 양육방식이 결합되면 최악의 경우 주의력 결핍장애가 된다. 집중을 못하고 부산스러운 아이들은 다른 사람을 자주 화나게 만드는데 그럴 때 부모나 코치가 인내심을 잃고 쉽게 화를 잘 낸다면 아이는 이 때문에 스트레스를 받게 된다. 이런 일이 반복되면 아이는 정서적으로 불안정해져 더 집중을 못하게 되고, 가족관계도 악화되어 부모의 말에 순종하지 않는다. 이때는 전문적인 상담과 부모교육을 받고, 필요하다면 약물 치료를 병행한다. 문제가 시작되는 초기에 치료할수록 후유증을 최소화할 수 있다.

6) 가족 내 관계가 원만하지 못한 경우 주의집중력이 떨어진다

가정불화 속에서 자라는 아이는 오랜 시간 긴장 상태에서 위축되어 주변의 눈치를 살피는 등 한 가지 일에 집중하지 못한다. 주의집중력을 향상시키기 위해서는 부모가 융통성 있고 여유 있는 양육관을 가져야 하며 건강, 성격, 적성과 흥미, 지능 등과 같은 아이의 특성을

고려해야 한다. 또한 아이를 인정해 주고 존중해서 자존감을 높여 주어야 하며 다양한 보상 (외적·내적 동기 부여)을 자주 제공해야 한다. 주의집중력을 키우는 데 도움이 되는 과제와 놀이를 활용하는 것도 매우 중요하다.

5 │ 주의집중력이 필요한 이유

1) 짧은 시간에 많은 공부를 할 수 있다

주의집중력은 주어진 시간 내에 공부를 완성하는 능력으로, 주의집중력이 높은 학생은 공부를 짧은 시간에 마치지만, 낮은 학생은 주변의 사소한 자극에도 쉽게 주의를 빼앗기기 때문에 주어진 시간 내에 일이나 공부를 끝내지 못한다. 짧은 시간에 많은 공부를 하기 위해서는 주의집중력이 필요하다.

2) 스스로 통제력이 생긴다

주의집중력이 높으면 자신이 정한 목표에 도달하기 위해서 어느 정도 참아내는 인내력과 함께 자신을 통제하는 능력이 생긴다.

3) 암기력에 도움이 된다

암기력은 주의가 집중되어야만 가능한 고도의 두뇌활동이다. 주의집중력이 높으면 암기력이 높아지고 주의집중력이 낮으면 암기력이 낮아진다.

4) 성적 향상에 도움이 된다

주의집중력은 암기력에 영향을 주고 암기력은 결국 시험에 영향을 미친다. 따라서 주의집중력이 높으면 시험에서 좋은 성적을 낼 수 있다.

5) 도전심이 커진다

주의집중력이 높을수록 목표에 대한 도달 욕구가 커져 더 높은 단계에 도전하려는 의지가 강해진다. 반면에 주의집중력이 떨어지면 실패에 대한 두려움 때문에 도전 의지도 사라져 버린다. 주의집중력이 높을수록 성공할 수 있다는 강한 자부심이 생기고 이는 결국 도전을 향한 자극이 된다.

6) 자신감이 커진다

주의집중력 저하는 암기력 저하와 성적 부진을 가져올 뿐만 아니라 자신감을 떨어뜨려 소심한 아이가 되어 대인관계를 기피하게도 만든다. 그러나 주의집중력 향상으로 자신감이 생기면 적극적인 성격이 되어, 대인관계를 주도하려는 성향이 나타난다.

 주의집중력 검사

　여러분의 주의집중력 정도를 측정하는 검사입니다. 다음 질문은 여러분의 주의집중력을 높이기 위한 사전 검사이니 솔직하게 대답해 주기 바랍니다. 해당 문항이 맞으면 '예'에, 맞지 않으면 '아니요'에 체크해 주세요.

	나의 주의집중력은 어느 정도일까요?	예	아니요
1	공부하는 자세가 바른 편이다.		
2	잠을 충분히 잔다.		
3	건강한 편이다.		
4	공부하는 시간을 정해서 한다.		
5	공부하기 전 주변을 정리한다.		
6	공부가 안 되면 공부 방법을 바꿔본다.		
7	교실에서 앞쪽에 앉는 편이다.		
8	수업 시작 5분 전에 앉고 수업 종료 5분 뒤에 일어난다.		
9	궁금하면 바로 질문한다.		
10	공부하는 중에 잡념이 안 생기는 편이다.		
11	하고 싶은 일이 있더라도 중요한 일부터 마무리한다.		
12	책상에 앉아 있는 시간이 길다.		
13	수업 시간에 딴 생각을 하지 않는다.		
14	주의집중 시간이 비교적 길다.		
15	여러 사람과 대화할 때 자신의 생각을 조용하게 풀어 내는 편이다.		
16	쉽게 흥분하지 않는다.		
17	계획한 일은 가능한 한 끝내려고 한다.		
18	공부할 때 심리적으로 편안함을 느낀다.		
19	주변에서 나는 소리에 쉽게 반응하지 않는다.		
20	스트레스가 적은 편이다.		
	'예'에 답한 총 개수 (　　　　) 개		

- 16~20개: A 유형 – 주의집중력이 높군요.
- 10~15개: B 유형 – 주의집중력이 조금 있는 편이네요.
- 0~10개: C 유형 – 주의집중력을 기르기 위해 노력하세요.

[A 유형]
- 주의집중력이 높은 편으로 집중 전략을 잘 알고 있는 학생이다.
- '아니요'라고 답한 것만 찾아서 부족한 부분을 지도해 준다.

[B 유형]
- 주의집중력이 보통인 편으로 집중 전략을 잘 모르지만 공부를 하려는 의지가 있는 학생이다.
- '아니요'라고 답한 것만 찾아서 부족한 부분을 지도해 준다.

[C 유형]
- 주의집중력이 낮은 편으로 주의집중력이 거의 없는 학생이다.
- 전반적으로 집중 전략에 대해 처음부터 숙달되도록 지도해 준다.

제 2 장

주의집중력 향상 전략

주의집중력 향상 전략		
목표	• 학습에 대한 주의집중력을 높여 학습의 효율을 높일 수 있다. • 주의집중력 향상 방법을 습관화한다.	
단계	**교수 · 학습 활동**	**자료**
1 도입단계	• 주의집중력 향상을 위한 동기 유발 −주의집중력을 향상할 수 있는 방법 떠올리기	
2 전개단계	• 주의집중력 검사 실시 −주의집중력을 검사하고 그에 따른 결과를 알려 준다. • 주의집중력 향상 전략 지도 −몸의 상태를 최상으로 유지한다. −주변을 쾌적한 환경으로 바꾼다. −스트레스를 해소해야 주의집중력이 생긴다. −공부 습관을 바꾼다. −나태함과 뒤로 미루는 습관을 버린다. −시간 활용으로 주의집중력을 높인다. −주의집중력 장애요소를 제거한다. −다이아몬드 존의 앞쪽에 앉는다.	활동 1 활동 2 활동 3 활동 4
3 정리단계	• 수업 소감 발표 −주의집중력을 향상시킬 수 있는 방법 발표하기 −활용 계획 이야기하기	

공부를 할 때는 어떻게 하면 주의집중을 오랫동안 유지할 수 있을지를 고민하게 된다. 이 같은 고민을 해결해 주기 위해서 주의집중력을 높여 주는 약도 개발되었지만 이러한 약은 주의집중력 자체를 높이기보다는 뇌에 산소를 공급하고 피로를 회복시키는 것이 대부분이라고 한다. 따라서 집중에 가장 큰 보약은 뇌가 충분히 활동할 수 있도록 휴식과 수면을 적절히 취하는 것이다.

주의집중력을 높이는 데에는 내부적인 요인과 외부적인 요인이 있다. 내부적인 요인은 집중해야겠다는 마음과 즐거운 마음으로서 집중하려는 마음가짐이다. 예를 들면 화가 많이 나든가, 깊은 슬픔에 빠지든가, 사랑에 빠져 있다면 대뇌의 정상적인 정보처리과정이 혼선을 빚어 집중하기가 어렵다. 한편 내부적으로 집중을 해도 외부적 요인인 주변 환경이 방해를 한다면 집중을 하기 어렵기 때문에 주변 정리도 필요하다.

내부적 · 외부적으로 주의집중력을 향상시키는 방법을 알아보면 다음과 같다.

1 │ 몸의 상태를 최상으로 유지한다

주의집중력을 높이기 위해서 가장 중요한 것은 몸의 상태를 최상으로 만드는 것이다. 몸의 상태가 좋지 못하면 자연적으로 신경이 그쪽으로 쓰이기 때문에 집중하기 어렵다. 따라서 몸의 상태를 최상으로 유지하기 위해서 아픈 곳을 만들지 말아야 하며 올바른 식습관을 유지해야 하는데, 다음과 같은 방법을 습관화함으로써 가능하다.

1) 식사는 적당하게 규칙적으로 해야 한다

식사는 적당량만 해서 너무 배고프거나 배부르지 않아야 집중하기 쉽다. 배가 고프거나 부르면 신경이 분산되기 때문에 주의집중력이 떨어지게 된다.

2) 식사 후에는 30분 정도 휴식을 갖는다

식사 후 소화를 시키는 동안에는 주의집중력이 떨어지므로 식후 30분 정도는 가벼운 운동이나 휴식을 한 다음 공부를 하는 것이 좋다.

3) 아침 식사는 꼭 한다

아침 식사는 두뇌에 포도당을 제공해 주고, 포도당은 뇌에 활력을 주는 것이기 때문에 아침 식사를 거르지 않도록 한다.

4) 잠은 충분히 자야 한다

충분히 자야 정신이 맑아져서 주의집중력이 높아진다. 잠을 충분히 자지 않으면 머리가 멍해져서 주의집중력이 떨어질 뿐만 아니라 기억한 내용을 불러오기도 힘들기 때문에 충분히 자는 것이 중요하다.

5) 몸에 아픈 곳이 없어야 한다

몸이 아프면 집중을 할 수 없다. 특히 감기나 비염의 경우는 주의집중력을 현저하게 떨어뜨리므로 완전히 치료하는 것이 좋다.

6) 채소와 과일을 많이 먹는다

몸의 상태와 정신을 맑게 하기 위해서 비타민과 무기질이 풍부한 채소와 과일을 많이 섭취한다. 또한 물은 두뇌의 윤활유 역할을 하므로 충분히 마시는 것이 좋다.

7) 적당한 운동을 한다

꾸준히 매일 하는 운동은 심장병과 비만, 고혈압, 골다공증 등을 예방할 수 있도록 도와주며 발바닥 신경과 뇌를 자극해 혈액순환을 원활하게 하여 스트레스로 인한 각종 정신질환을 예방한다. 특히 하루 30분 걷기는 무릎을 자극하고 성장판의 눌림을 방지하여 성장기 청소년들의 키가 자랄 수 있도록 할 뿐만 아니라 바른 자세를 갖도록 해 준다.

활동 1 내 몸을 건강하게 하기 위한 방법 열 가지 찾아 실천하기

다음은 여러분이 주의집중력을 높이기 위해서 습관화해야 할 건강 유지 방법 열 가지를 적는 활동입니다. 열 가지를 모두 적은 다음 주의집중력을 가장 많이 떨어뜨리는 것부터 순위를 매겨 보세요. 또한 현재 실천하고 있는 것에는 'O'표시를 하고, 실천하고 있지 않는 것에는 '×' 표시를 하세요.

	항목	순위	실천 중
1	음식을 골고루 먹고 천천히 오래 씹어 삼킨다.		
2	적당한 운동을 한다.		
3	규칙적인 생활습관을 갖는다.		
4	몸과 주변 환경을 깨끗이 한다.		
5	외출 후 돌아오면 손발을 씻는다.		
6	일찍 자고 일찍 일어난다.		
7	항상 바른 자세로 생활한다.		
8	책과 눈 사이의 거리를 30cm 이상 떨어뜨리고 밝은 곳에서 책을 읽는다.		
9	건강검진을 정기적으로 받는다.		
10	하루에 세 번 양치질을 한다.		

2 │ 주변을 쾌적한 환경으로 바꾼다

　주의집중력을 높이려면 주변을 정리하여 오직 공부에만 몰두할 수 있는 환경으로 만들어야 한다. 주변 환경이 불편하거나 맞지 않으면 신경이 쓰여 주의집중력이 떨어지기 때문이다. 따라서 주의집중력을 높이기 위해 주변 환경을 쾌적한 환경으로 바꾸어 최대한 한곳에 집중할 수 있도록 하는 것이 중요하다.

1) 출입구가 시야에 들어오도록 배치한다

　학생들은 출입문이 등 뒤에 있으면 부모님들이 갑자기 들어올 수 있다는 불안감 때문에 공부에 집중하지 못하는 경우가 발생한다. 따라서 공부방의 출입구는 시야에 들어오도록 옆에 두거나 앞에서 볼 수 있도록 책상의 위치를 잡아주어 편한 마음으로 공부에 집중할 수 있도록 한다.

2) 조명은 적정한 밝기를 유지한다

　공부방의 조명은 공부하기에 적정한 밝기를 유지해야 한다. 어두운 조명 아래서 공부를 하게 되면 눈에 부담을 주기 때문에 공부할 때는 눈이 편하게 느낄 정도의 밝기, 즉 최소한 3백 룩스 이상의 조도가 유지되어야 눈의 피로를 덜어주고, 대뇌의 각성도를 높여 학습 능률을 향상시킨다. 전체 조명과 스탠드와의 차이가 심하면 눈에 부담을 주기 때문에 이를 맞춰 주는 것도 중요하다. 눈의 건강을 위해서는 형광등의 떨림현상을 줄인 인버터형 스탠드가 좋다. 특히 3파장 램프는 자연광에 가까워 눈의 피로를 줄일 수 있다. 스탠드는 갓으로 광원을 충분히 가려 빛이 눈으로 직접 들어오는 것을 피해야 한다. 스탠드의 위치는 오른손잡이는 왼쪽, 왼손잡이는 오른쪽에 두어 음영을 피한다.

3) 공부방은 자녀의 취향에 맞춘다

　공부방을 만드는 주 목적은 말 그대로 자녀들의 공부를 도와줄 수 있는 환경을 마련하

는 것이다. 따라서 부모보다 자녀의 취향을 고려해서 자녀가 원하는 대로 꾸며야 한다. 예컨대 벽에 좋아하는 연예인의 사진을 걸기 원한다면 그렇게 해 주어야 한다. 만약 부모의 의지대로 공부방을 꾸미면 자녀들은 어색한 방 분위기 때문에 쉽게 공부에 집중하지 못한다.

4) 직사광선이 들어오지 않도록 한다

책상 위로 태양의 직사광선이 들어오면 눈이 부셔서 오히려 주의집중력이 떨어지고, 직사광선이 학생의 머리에 직접 내리쬐면 머리가 멍해지기 쉽다. 방 안에 직사광선이 들어온다면 커튼을 설치해 주는 것이 좋다.

5) 의자는 편한 것으로 한다

의자의 쿠션이 너무 좋으면 오히려 근골격에 부담을 주어 정신이 분산되므로 지나치게 푹신한 의자는 좋지 않다. 또한 바퀴가 달린 이동식이나 회전식 의자는 신체를 조금만 움직여도 의자가 따라서 움직이므로 좋지 않다. 척추에 걸리는 하중을 분산하기 위해 등받이는 필수적이며 팔걸이가 달린 의자면 더욱 좋다.

6) 책상은 넓은 것이 좋다

책상은 학습 공간이 충분히 확보되는 크기여야 한다. 공부를 깊이 있게 하기 위해서는 책과 노트, 참고서를 함께 꺼내 놓아야 하기 때문에 되도록 넓은 것을 선택하는 것이 좋다. 책상의 높이는 너무 높거나 낮으면 척추 등 근골격에 부담을 주기 때문에 등이 90도가 유지되는 것이 가장 좋다. 무릎이 아래로 처질 경우 발받침을 마련해 무릎을 높여 주어야 한다.

7) 공부방은 청결하게 유지한다

공부방은 깨끗해야 한다. 먼지가 가득 쌓인 책상에서 공부를 한다면 의욕과 학습 능률이 떨어질 수밖에 없다. 특히 주위가 산만한 환경에서는 집중을 하기가 힘들기 때문에 공부와 관련된 물건들을 제자리에 정리정돈해 둔다.

8) 책은 눈과 30cm 정도 간격을 둔다

공부할 때 책과 눈이 너무 가깝거나 멀면 눈이 쉽게 나빠진다. 따라서 책과 눈의 적당한 거리는 30cm 정도가 가장 좋다.

9) 공부방을 쾌적한 상태로 만든다

공부방의 온도가 너무 덥거나 춥다면 공부에 집중하기 어렵다. 공부방의 온도는 18~20℃ 정도가 적당하며, 자주 환기를 시켜야 한다. 신선한 공기가 방 안에 가득해야 두뇌활동이 왕성해져서 주의집중력 향상에 도움이 된다.

10) 책상 위를 말끔히 정리한다

열정적인 에너지를 가지고 공부에 집중하여 성과를 얻고자 한다면 책상 위를 말끔히 정리하는 것부터 시작해야 한다. 그러기 위해서는 웬만한 것은 아까워하지 말고 버릴 줄 알아야 한다. 너무 오래 한곳에 두어서 눈에 익숙하긴 하지만 평소에 절대 사용하지 않는 물건들이 많다. 그것들을 버리지 못하고 계속 쌓아둔다면 그만큼 스트레스도 많이 쌓이게 되어 오히려 공부에 방해가 된다.

활동 2 | 쾌적한 환경을 만드는 방법 열 가지 찾아 실천하기

　　다음은 여러분이 주의집중력을 높이기 위해서 쾌적한 환경을 만드는 방법 열 가지를 적는 활동입니다. 열 가지를 모두 적은 다음 가장 먼저 해야 할 것부터 순위를 매겨 보세요. 또한 현재 실천하고 있는 것에는 'O'표시를 하고, 실천하고 있지 않는 것에는 '×'표시를 하세요.

	항목	순위	실천 중
1	환기를 자주 시킨다.		
2	흩어져 있는 물건들을 분류한다.		
3	습도는 50~60%, 기온은 15~23℃ 정도로 유지한다.		
4	걸레질을 자주 한다.		
5	물건을 쓰고 제자리에 놓는다.		
6	소음을 차단한다(창문 잘 닫기).		
7	화분을 키운다.		
8	드라이한 후 떨어진 머리카락을 치운다.		
9	쓰지 않는 물건은 버린다.		
10	먼지를 자주 닦는다.		

학습 환경 검사

여러분의 학습 환경이 적절한가를 알아보기 위한 질문입니다. 솔직하게 대답해 주기 바랍니다. 해당 문항이 맞으면 '예'에, 맞지 않으면 '아니요'에 체크해 주세요.

	나의 학습 환경은 적절할까요?	예	아니요
1	공부방이 내 마음에 맞게 되어 있다.		
2	조명은 공부하기에 적당하다.		
3	의자나 책상은 내 몸에 잘 맞아서 편하다.		
4	텔레비전이나 컴퓨터의 유혹에 빠지지 않는다.		
5	공부할 때는 전화를 받지 않는다.		
6	엎드리거나 누워서 공부하지 않는다.		
7	아침 식사는 거르지 않고 꼭 먹는 편이다.		
8	공부할 때는 바른 자세로 한다.		
9	공부하기 전에 책상 위를 말끔히 정리한다.		
10	정리를 할 때 필요 없는 물건은 과감히 버린다.		
	'예'에 답한 총 개수 ( ) 개		

'예'가 체크된 문항에 따라

• 8~10개: A 유형–학습 환경이 좋군요.
• 4~ 7개: B 유형–학습 환경이 보통이네요.
• 0~ 3개: C 유형–학습 환경을 바꾸어 보세요.

[A 유형]
• 학습 환경 관리를 잘하는 학생이다.
• '아니요'라고 답한 것만 찾아서 부족한 부분을 지도해 준다.

[B 유형]
• 학습 환경 관리를 잘 못하는 학생이다.
• '아니요'라고 답한 것만 찾아서 부족한 부분을 지도해 준다.

[C 유형]
• 학습 환경 관리를 전혀 하지 않는 학생이다.
• 전반적으로 학습 환경 관리에 대해 처음부터 숙달되도록 지도해 준다.

학습 환경 코칭

1. 공부방이 내 마음에 맞지 않다.

공부 효과를 높일 수 있도록 부모와 상담하여 학생이 원하는 공부방 환경을 만들어 주도록 한다.

2. 책상 조명이 공부하기에 부적당하다.

공부에 집중하기 위해서는 조명이 중요하므로 공부하기에 적당한 조명으로 바꾸어 주도록 한다.

3. 의자나 책걸상이 내 몸에 잘 맞지 않는다.

의자나 책걸상을 학생의 몸에 잘 맞고 편한 것으로 바꾸어 주도록 한다.

4. 텔레비전이나 컴퓨터의 유혹에 쉽게 빠진다.

텔레비전이나 컴퓨터의 유혹에 빠지지 않도록 눈에서 보이지 않는 곳으로 이동시키거나 없애도록 한다.

5. 공부할 때도 전화를 받는다.

공부할 때는 전화가 주의집중력을 해치므로 공부할 때만큼은 전원을 끄거나 받지 않도록 지도한다.

6. 엎드리거나 누워서 공부한다.

엎드리거나 누워서 공부하면 졸음이 쉽게 오므로 앉아서 공부하는 습관을 가지도록 지도한다.

7. 아침 식사를 자주 거른다.

두뇌의 활동이 활발하게 이루어지려면 아침 식사를 거르지 않고 꼭 먹어야 한다는 것을 지도한다.

8. 공부할 때 자세가 바르지 못하다.

바른 자세로 앉아서 해야 오랫동안 지속적으로 공부할 수 있다는 것을 지도한다.

9. 공부하기 전에 책상 위를 정리하지 않고 그냥 한다.

공부하기 전에 책상 위를 말끔히 정리하고 해야 공부에 집중할 수 있다는 것을 지도한다.

10. 오랫동안 쓰지 않던 물건일지라도 쉽게 버리지 못한다.

오랫동안 쓰지 않던 물건을 계속 쌓아두면 정작 필요한 물건을 찾을 때 시간을 뺏기게 된다. 따라서 주변정리를 할 때는 오랫동안 쓰지 않은 물건은 과감히 없애도록 지도한다.

3 | 스트레스를 해소해야 주의집중력이 생긴다

"기가 막혀 죽겠네."라는 옛말이 있다. 이 말은 바로 스트레스를 받아서 죽겠다는 의미다. 실제로 스트레스를 받게 되면 맥이 막혀 소화도 되지 않고 두통이 생기면서 가슴이 답답해지는데 여기서 더 심해지면 머리에 혈압이 올라서 뇌졸중으로 사망에 이르기도 한다. 결국 스트레스를 받으면 기가 막히고 죽음에 이르게 된다는 말이다.

최근의 한 조사에 따르면 고등학생의 86.4%가 시험 스트레스에 시달리고 있다고 한다. 실제로 스트레스가 많은 수험생은 시험 때가 되면 식은땀이 나고 불안해서 열심히 공부한 것이 기억나지 않는다고 한다. 스트레스가 심하면 성적이 제대로 나오지 않는 것은 당연하고 학습 효과도 기대할 수 없다.

그러나 스트레스는 긍정적인 기능과 부정적인 기능을 함께 가지고 있다. 스트레스는 동기를 부여하고 창조적인 활동을 하게 하는 긍정적인 자극이 될 수도 있고 심신을 허약하게 만들거나 싫고 기분 나쁜 부정적인 스트레스가 될 수도 있다. 또한 스트레스는 똑같은 상황에서도 사람마다 받아들여지는 강도가 다르기 때문에 개인에 따라 그 반응도 다르다. 건강한 상태에서의 적절한 스트레스는 공부의 능률을 올릴 수 있으나 허약한 상태에서는 작은 스트레스로도 현저히 공부의 능률을 저하시킬 수 있다. 따라서 공부를 잘하기 위해서는 스트레스를 줄이고 나아가 스트레스를 관리하는 방법을 알아 두어야 할 것이다.

1) 수험생 스트레스의 문제

수험생들은 해야 할 공부와 시험을 통한 평가가 반복되기 때문에 중압감과 스트레스가 늘 따라다닌다. 공부가 뜻한 대로 진행되고 시험 성적도 늘 원하는 만큼 나온다면 좋겠지만 결코 쉬운 일이 아니다. 많은 수험생들이 하기 싫은 공부를 대학을 가기 위해 억지로 한다. 그 결과 스트레스가 생기는 것이다. 수험생 스트레스는 자극에 더 민감한 여학생이 남학생보다 높으며, 저학년보다는 고학년이 시간적 중압감으로 인해 스트레스를 더 받는 것으로 나타난다.

수험생들에게 스트레스가 생기는 이유는 다가오는 시험일정에 대한 압박감과 과도한 공

부 일정으로 인한 수면부족, 그로 인한 체력 저하, 어른이 되는 과정에서 겪어야 하는 온갖 성장병(이성에 대한 관심과 성적 호기심, 가치관과 자기 정체성에 대한 혼란, 미래에 대한 불안)들이 심리적인 압박이 되어 다가오기 때문이다. 여기에다 학교와 사회, 가정에서의 온갖 중압감은 수험생으로 하여금 숨 돌릴 틈을 주지 않는다.

더구나 신체적으로는 어른과 다름없지만 정신적으로는 아직 미숙하기 때문에 그들이 겪어야 할 일상의 중압감은 어른보다 훨씬 더하다. 그러므로 수험생에 대한 어른들의 주의는 각별해야 한다. 오랫동안 방치하면 육체적인 큰 질병으로 발전할 수 있고 정신적으로 심각한 후유증을 남길 수 있다.

2) 사람마다 다르게 나타나는 스트레스

스트레스는 마음의 병이다. 똑같은 상황에서도 개인의 성향과 심리적 대처 능력에 따라서 스트레스를 받는 정도가 크게 차이난다. 즉, 스트레스는 개인차가 크다. 그러므로 스트레스는 그 자체로 문제가 되는 것이 아니라 이를 어떻게 받아들이느냐에 따라 그 심각성이 달라진다. 수능성적이 저조한 학생이라고 모두 자살을 하는 것은 아니다. 외부 환경에 대한 수용 태도가 문제가 된다. 스트레스는 관리할 수 있는 대상이며, 그렇지 못할 경우 스트레스와 관련된 육체적 질병에 감염된다는 점을 기억하고 이에 대한 대처 능력을 키워야 할 것이다.

	스트레스를 잘 받는 사람	스트레스를 잘 받지 않는 사람
성격	내성적	외형적
	부정적	긍정적
	강박	여유
	주관적	객관적
	예민한 사람	둔한 사람
	이기적	이타적
	완벽	대충
경험	적음	많음
식습관	인스턴트 음식	자연 음식
체질	태음인과 소음인	태양인과 소양인

이처럼 똑같은 사건에 똑같은 경험을 해도 스트레스를 받아들이는 강도는 사람마다 다르다. 선천적으로나 후천적으로 신경이 예민한 사람, 외부 자극에 민감한 사람은 사소한 자극에도 심한 상처를 받게 되고, 부정적인 생각으로 걱정을 하는 습관이 있는 사람은 사건 자체를 확대하여 받아들인다. 따라서 평소 스트레스를 잘 받는 학생이라면 학생 스스로 스트레스가 되는 요인을 구체적이면서도 정확하게 인식할 수 있도록 하여 지금까지 자신에게 가해진 스트레스가 스스로 키운 생각임을 알려 준다.

3) 스트레스 해소 방법

- 하루에 한 번은 가볍게 규칙적인 운동을 하여 신체의 스트레스를 풀어 준다.
- 공부 목록을 만들어서 우선순위를 정한 다음 가장 중요한 공부부터 먼저 하도록 한다.
- 커피나 콜라, 인스턴트 식품 등 가공된 고열량 음식보다는 채소, 생선, 과일 등 비타민과 단백질이 많이 함유돼 있는 음식을 섭취하도록 한다.
- 공부나 시험을 보기 전에 심호흡, 명상, 스트레칭, 독서 등 신체와 마음을 이완시킬 수 있는 방법을 시행해 보도록 한다.
- 자신을 도와줄 수 있는 절친한 친구, 선배, 부모님으로부터 도움을 얻을 수 있도록 노력한다.
- 공부하는 도중에 적절히 휴식 시간을 갖도록 한다. 휴식 시간에는 가벼운 맨손체조나 심호흡을 하여 신선한 산소를 충분히 보충해 주도록 한다.
- 술과 담배의 유혹을 이겨낸다. 술은 문제 해결 능력과 학습 능력을 저하시키며, 흡연은 스트레스 해소에 전혀 도움이 되지 않고 오히려 건강만 악화시킨다.

스트레스 검사

공부에 대한 여러분의 스트레스 정도를 검사하는 것입니다. 다음 질문에 솔직하게 대답해 주기 바랍니다. 해당 문항이 맞으면 '예'에, 맞지 않으면 '아니요'에 체크해 주세요.

	나의 스트레스는 어느 정도일까요?	예	아니요
1	시험만 생각하면 걱정 때문에 불안해서 공부가 안 된다.		
2	시험을 앞두면 신경이 날카로워져 소화가 잘 안 된다.		
3	시험을 앞두면 잠이 깊이 들지 않고 도중에 깰 때가 있다.		
4	시험지만 받으면 앞이 깜깜해지고 답이 안 보인다.		
5	답안지에 답을 적는 순간에도 손발이 떨린다.		
6	시험이 끝나고 집으로 돌아갈 때 힘이 빠진다.		
7	공부만 하려고 하면 소화가 안 된다.		
8	공부 때문에 때때로 머리가 아프다.		
9	공부만 생각하면 자신감이 떨어진다.		
10	부모의 공부에 대한 강요 때문에 공부가 싫다.		
11	부모의 공부에 대한 간섭으로 공부하는 척한다.		
12	선생님 때문에 싫어하는 과목이 생겼다.		
	'예'에 답한 총 개수 ( ) 개		

- 9~12개: A 유형-스트레스가 너무 많군요.
- 5~ 8개: B 유형-스트레스를 많이 느끼고 있네요.
- 0~ 4개: C 유형-심신이 양호한 편이네요

1~3번 질문은 시험을 앞둔 상태의 스트레스를 말하고, 4~6번 질문은 시험을 볼 때 느끼는 스트레스를 말하며, 7~9번 질문은 공부 자체에 대한 스트레스를 말하고, 10~11번 질문은 부모에게 느끼는 스트레스를 말하며, 12번 질문은 선생님에게 느끼는 스트레스를 말한다.

[A 유형]

- 스트레스가 너무 많아서 스스로 치유하기 어려우므로 스트레스 전문의나 전문가와 상담하도록 한다.

[B 유형]

- 스트레스를 많이 느끼고 있는 상태로 스트레스 때문에 몸의 컨디션이 무너질 우려가 있으므로 그대로 방치해서는 안 되고 스트레스를 해소하거나 다스리기 위하여 노력해야 한다.
- '예'라고 답한 것만 찾아서 마음을 편하게 갖도록 지도해 준다.

[C 유형]

- 0에 가까울수록 심신 건강 상태가 양호한 편이고, 4에 가까울수록 스트레스를 주의해야 한다. 아무리 작은 스트레스라도 스트레스가 증가하면 공부에 집중하기가 어려워진다.
- '예'라고 답한 것만 찾아서 마음을 편하게 갖도록 지도해 준다.

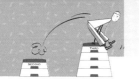

응답	분석		아니요
		예	
1	시험을 앞둔 상태의 스트레스	시험을 본다는 생각을 잊게 하고 마음을 편히 갖도록 지도한다. 또한 최선을 다해 노력하는 것이 중요하다고 지도한다.	시험 때문에 걱정하거나 불안해하지 않는 학생이다.
2		안정된 상태에서 시험공부를 할 수 있도록 명상을 하거나 산책을 하여 긴장감을 완화시킨다.	
3		시험을 잘 보려면 충분한 수면과 휴식을 취해야 한다는 것을 알려 주고 마음이 편해질 수 있도록 지도한다.	
4	시험을 볼 때 느끼는 스트레스	시험을 볼 때 심호흡을 하고 마음을 가다듬어 답안지에 답을 적는 순간 손발이 떨리지 않도록 지도한다.	시험 중에도 비교적 침착하고, 시험 결과에 연연해하지 않는 학생이다.
5			
6		시험이 끝나면 시험은 더 이상 중요한 게 아니라는 생각을 가지게 하여 마음이 편해지도록 지도한다.	
7	공부 자체에 대한 스트레스	공부에 대한 부담을 줄여 주고 공부가 즐겁다는 생각이 들도록 지도한다.	평소 공부에 대한 스트레스를 적게 느끼거나 느끼지 않는 학생이다.
8		공부하는 도중에 틈틈이 간단한 운동이나 스트레칭을 하여 신체가 편안해지도록 지도한다.	
9		성취감을 느낄 수 있는 작은 과제를 주고, 공부로 성공한 자신의 모습을 그려 보도록 하여 도전하여 할 수 있다는 자신감을 심어 주도록 한다.	
10	부모에게 느끼는 스트레스	부모의 강요로 공부가 싫어졌기 때문에 부모와의 상담을 통해서 자녀의 공부에 대한 부모의 강요를 자제하고 스스로 공부할 수 있는 환경과 습관을 만들어 주도록 지도한다.	부모의 공부에 대한 강요나 간섭이 없고 스스로 공부하는 학생이다.
11		부모의 지나친 간섭으로 공부를 할 경우 공부를 하는 것처럼 보여도 그 효과는 전혀 없다. 따라서 부모와의 상담을 통해서 공부에 대한 간섭을 자제하고 스스로 공부할 수 있는 환경과 습관을 만들어 주도록 지도한다.	
12	선생님에게 느끼는 스트레스	선생님과 갈등이 있거나 문제가 생겨서 결국 해당 과목이 싫어진 것이므로 원인을 파악하여 갈등이나 싫어하는 마음을 줄여 주어야 한다.	선생님과의 관계가 원만한 학생이다.

4 | 공부 습관을 바꾼다

미국의 저명한 심리학자 제임스(W. James)는 인간은 습관의 묶음으로 이루어진 존재라 칭하면서 "생각이 바뀌면 행동이 바뀌고, 행동이 바뀌면 습관이 바뀌고, 습관이 바뀌면 인격이 바뀌고, 인격이 바뀌면 운명까지 바뀐다."라고 하였다. 그는 이 문장을 통해 생각과 습관의 중요성을 역설하고자 하였다.

우리가 어떤 습관을 갖느냐에 따라 공부에 대한 주의집중력도 달라지게 된다. 주의집중력을 높이기 위해서는 좋은 공부 습관을 갖는 것이 중요하며, 그 방법은 다음과 같다.

1) 우선순위를 결정한다

시간이 부족하다고 생각하는 학생들은 대부분 공부할 것이 너무 많다는 불평을 한다. 그러나 그런 학생들은 보통 중요하지 않은 공부를 중요하다고 생각하거나 굳이 하지 않아도 될 공부까지 혹시나 하는 불안감에 붙잡고 있는 경우가 많았다.

이런 경우는 공부의 우선순위와 우선순위를 결정하는 방법을 알려 주면 쉽게 해결할 수 있다. 자신이 하루에 해야 할 공부를 미리 적은 다음 그중에서 가장 우선시해야 할 공부를 순서대로 정한다. 그리고 하지 않아도 될 공부나 나중에 해도 되는 공부를 스스로 결정하다 보면 시간을 효율적으로 사용할 수 있는 방법을 조금씩 터득하게 된다.

공부를 할 때는 가장 효율적으로 진행할 수 있는 순서를 미리 정해 두는 것이 좋다. 그 순서대로 공부를 진행하면 확실하게 마무리 지을 수 있고 다음에 같은 공부를 해야 하는 경우에는 공부의 순서를 알고 있기 때문에 안심하고 쉽게 진행할 수 있다. 또한 지금 하고 있는 공부가 끝난 다음에 무슨 공부를 해야 하는지 정확하게 알고 있기 때문에 지금 하는 공부에 열중할 수 있다. 반대로, 정해 놓은 순서 없이 공부를 하게 되면 설령 한 가지 공부를 끝냈다고 하더라도 '다음에 무슨 공부를 하면 좋을지' 몰라 우왕좌왕하게 된다.

만약 예측불허의 긴급한 공부거리가 생겼을 때는 지금 하고 있는 공부보다 우선시해야 하는가를 생각해 보고, 막중한 경우에는 새 공부를 시작하고, 그렇지 않은 경우에는 하던 공부를 계속한다.

2) 감당할 수 없는 공부는 시작하지 않는다

사람들은 대부분 어떤 공부가 주어지면 어느 정도의 시간이 걸려야 해결할 수 있다는 감을 잡을 수 있다. 공부에 따라서 짧은 시간에 금방 처리할 수 있는 공부가 있는 반면에 아주 오랜 시간이 걸려도 달성하기 힘든 공부가 있다. 짧은 시간에 처리할 수 있는 공부는 어떻게 해도 좋지만, 너무 오랜 시간이 걸리는 공부는 하기 전에 반드시 고려해야 할 것이 있다.

우선 자신이 감당하기 어려운 공부는 시작하지 말아야 한다. 또한 한 가지 공부에 필요 이상의 시간이 들어가거나 앞으로도 무한한 시간을 들여야 한다는 판단이 들었을 때는 마음이 아프더라도 단념하는 것이 주의집중력을 높이는 데 도움이 된다.

3) 어려울 때는 확실히 포기한다

공부가 진행되는 중이라도 시간이 너무 많이 든다면 내가 꼭 해야 할 공부인지 아닌지를 다시 생각해 보고 결정해야 한다. 계획상 또는 내가 성공하기 위해서 해야 할 공부라면 꼭 해야 하지만 그렇지 않을 경우에는 중간에 포기하는 것이 오히려 시간 관리를 효율적으로 하는 방법이 된다.

너무 오랜 시간이 걸리는 공부를 하다 보면, 다른 공부를 전혀 못하게 될 때가 있다. 그만한 가치가 있다면 당연히 해야겠지만, 가치가 없는데도 그저 하던 공부에 전력투구를 하는 것은 필요한 공부를 하지 못하게 되는 결과를 초래할 수도 있다. 이럴 때는 오랜 시간을 들여야 하는 공부를 하는 것보다 쉽게 할 수 있는 공부를 우선 해내는 것이 훨씬 효과적일 때가 많다.

4) 완벽주의에서 벗어난다

공부를 완벽하게 하는 것은 정말 바람직한 일이다. 그러나 문제는 완벽해지기 위해서는 많은 시간이 필요하다는 것이다. 공부를 완벽하게 진행하기 위해서는 노력도 많이 해야 할 뿐 아니라 시간도 많이 할애해야 한다. 그러다 보면 많은 공부를 진행하기가 어렵다. 한 가지 공부를 해야 할 때는 가능하겠지만 많은 공부를 해야 하는 경우에는 완벽주의에서 벗어나 우선은 대략 시작을 해놓는 것이 좋다. 그렇지 않으면 한 가지 공부밖에는 완수하지 못하는 경우가 생기기 때문이다.

심한 경우에는 그릇된 '완벽주의'가 공부의 진행을 방해하기도 한다. 한 가지 공부에만 매달려 시간을 보내다 보면 다음 공부를 추진하지 못하고, 결국에는 어느 것 하나도 제대로 해내지 못하게 된다.

5) 자리에 앉자마자 시작한다

학생들이 학교나 집에 도착해서 공부를 시작하기까지 걸리는 시간이 30분 정도라는 통계가 나왔다.

학교나 집에 도착하자마자 바로 공부를 시작한다면 하루에 30분 일찍 공부를 끝마치거나, 30분을 더 공부할 수 있다는 결론이 나온다. 따라서 학교에 도착해서 어떤 공부를 시작할지를 결정하기보다는 등하교 도중에 모든 결정을 마치고 학교나 집에 도착하면 바로 공부를 시작하는 습관을 길러야 한다.

6) 어떤 공부든 잘할 수 있다고 결심한다

맡은 임무를 시작하기로 결정하였다면, 공부를 하는 동안 '나는 무슨 공부든 잘할 수 있다'는 자신감을 가져야 한다. 공부를 하면서 스스로 공부를 잘 못할지도 모른다는 부정적인 생각을 하게 되면 공부는 부담이 되고 결국에는 중도에 포기해 버리거나 좋지 못한 결과를 내기가 쉽다. 따라서 공부를 시작하는 순간부터 무슨 공부든 잘할 수 있다는 자신감으로 공부를 즐기면서 나의 자아성취감을 위해서 공부를 하는 것이라는 긍정적인 생각을 갖는다면 공부의 목표를 효과적으로 달성할 수 있을 것이다.

7) 공부하는 자세를 바로 한다

공부하는 데 주의집중력을 높이기 위해서는 바른 자세로 앉아서 하는 것이 좋다. 눕거나 엎드리는 등 자세가 좋지 않으면 당연히 주의집중력이 떨어진다. 이때 바른 자세로 앉아 있기 위해서는 부수적으로 의자 선택이 중요하다.

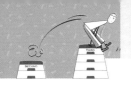

8) 궁금하면 바로 질문한다

수업 중에 궁금증을 남기면 머릿속에서 그 궁금증이 떠나지 않아 공부하는 데 방해가 될 수 있다. 따라서 궁금한 것이 있으면 바로 질문하여 답변을 듣도록 한다. 이렇게 하면 바로 문제를 해결할 수 있을 뿐만 아니라 알고 싶었던 것이기 때문에 기억에도 오래 남는다.

9) 학습장소를 바꿔 본다

집에서 공부하다가 집중이 잘 되지 않을 때 도서관 등 학습장소를 바꾸어 보면 긴장감이 생겨서 공부에 집중할 수 있게 된다. 도서관은 조용한 분위기를 유지하고, 공부하는 사람들이 많기 때문에 적당한 경쟁심이 생겨 주의집중하기에 좋은 장소이다.

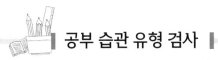 **공부 습관 유형 검사**

이 질문의 목적은 여러분의 공부 습관 유형을 알아보기 위함입니다. 질문에 솔직하게 대답해 주기 바랍니다. 해당 문항이 맞으면 '예'에, 맞지 않으면 '아니요'에 체크해 주세요.

	나의 공부 습관 유형은?	예	아니요
1	• 보고, 듣고, 만지는 것 등 감성적 정보에 관심을 갖는다. • 단순한 것을 좋아하고 반복적인 것을 좋아한다.		
2	• 직관적인 사실과 데이터에 관심을 갖는다. • 다양한 것을 좋아하고 반복적인 것을 싫어한다.		
3	• 그림, 도형, 흐름도, 개요, 도면, 지도 등 시각적인 정보에 관심을 갖는다.		
4	• 글, 말, 대화 등 언어적 정보에 관심을 갖는다.		
5	• 구체적인 현상에서 일반적인 원리를 도출해 내는 사고를 한다.		
6	• 규칙이나 일반적인 원리로부터 구체적인 현상을 도출해 내는 사고를 한다.		
7	• 다른 사람들과 대화하는 것을 좋아한다.		
8	• 혼자서 곰곰이 생각하는 것을 좋아한다.		
9	• 전체 내용을 이해해 나가는 과정이 연속적이고 단계적으로 진행된다. • 부분적인 이해로도 어느 정도 학습 능력을 발휘할 수 있다.		
10	• 전체를 통합적으로 한꺼번에 이해한다. • 종합적인 사고와 창의적인 연구를 잘한다.		
11	• 수업을 잘 듣지 않는다.　• 벼락치기식 공부를 한다. • 공상에 잘 빠진다.　• 수업 중에 질문을 하지 않는다.		
12	• 수업을 잘 경청한다.　• 꾸준히 공부한다. • 수업 중에 공부에만 몰두한다.　• 수업 중에 질문을 자주 한다.		
13	• 공부 계획을 세우지 않는다.　• 과제를 부여해야 한다. • 누가 도와줘야 더 잘한다.		
14	• 공부 계획을 세운다.　• 알아서 공부한다. • 누가 시키지 않아도 한다.		
	'예'에 답한 총 개수 (　　　　) 개		

공부 습관 유형에 따른 코칭

구분	응답	문항	
		유형	분석
지각 형태	1	감성적	감성적인 학생으로 학습 내용이 추상적이고 이론적이면 이해를 잘 못하므로 구체적인 예를 생각해 보거나 참고도서를 통해 공부하도록 한다.
	2	이성적	이성적인 학생으로 자세한 내용이나 반복을 싫어한다. 따라서 시험이나 문제풀이에서 사소한 실수를 하기 쉬우므로 답을 확인하는 습관을 갖도록 한다.
인지 방식	3	시각적	시각적인 것을 좋아하는 학생으로 수업 내용과 관련된 도표, 그림, 사진, 흐름도 등 시각적인 자료로 공부하도록 한다. 암기할 것을 도표나 흐름도로 표현하는 개념도를 만들어 공부하도록 하면 효과가 좋다.
	4	언어적	언어적인 것을 좋아하는 학생으로 수업 내용을 자신이 이해한 언어로 다시 요약, 정리하고 싶어 한다. 따라서 친구들과 배운 내용을 서로 토론하도록 하면 효과가 좋다.
조직화 과정	5	귀납적	귀납적인 것을 좋아하는 학생으로 관찰과 구체적인 데이터를 많이 참고하면서 공부하도록 한다.
	6	연역적	연역적인 것을 좋아하는 학생으로 규칙이나 원리를 주로 공부하도록 지도한다.
성격	7	외향적	외향적인 학생으로 그룹을 이루어서 학습하는 것을 좋아한다.
	8	내성적	내성적인 학생으로 혼자 또는 단짝과 학습하는 것을 좋아한다.
사고 방법	9	연속적	연속적인 것을 좋아하는 학생으로 새로운 내용을 배울 때 이미 알고 있는 것과 연관시키면서 공부하도록 한다.
	10	포괄적	포괄적인 것을 좋아하는 학생으로 공부하기 전 먼저 흐름을 파악하기 위해 목차를 읽어 보거나 간략하게 내용을 훑어보면서 공부하도록 한다.
공부 방법	11	소극적	소극적인 학생으로 공부 습관이 정착되어 있지 않기 때문에 처음부터 분석해서 수정해 나가도록 한다.
	12	적극적	적극적인 학생으로 공부 전략을 점검해서 자기주도적으로 공부하도록 한다.
행동	13	수동적	수동적인 학생으로 학습코치나 부모의 도움이 필요하다. 공부 계획을 세우도록 해 준다.
	14	능동적	능동적인 학생으로 잔소리를 삼가고 격려를 많이 해 준다. 공부 계획을 세운 것을 따라하도록 도와준다.

5 | 나태함과 뒤로 미루는 습관을 버린다

나태에 대한 사전적 의미를 보면 행동, 성격 따위가 느리고 게으른 것을 말한다. 이러한 나태함은 선천적으로 가지고 태어나기보다는 후천적으로 가정이나 사회, 문화적 환경의 영향을 받아서 굳어지는 경우가 많다. 나태함은 단순히 사람을 게을러 보이게 할 뿐만 아니라 시간을 낭비하게 하는 시간 도둑이라는 데 문제가 있다.

공부를 열심히 하던 사람도 어느 순간 공부에 지쳐서 공황 상태가 장기화되면 나태함에 빠질 수 있다. "나도 골프가 싫을 때가 있다." 골프 황제 타이거 우즈가 한 말이다. 이처럼 한 분야에서 성공한 사람들도 슬럼프에 빠질 때가 있는데, 이 슬럼프를 슬기롭게 탈출하지 못하면 나태함에 빠지는 것이다.

나태는 아주 교활하다. 나태함에 빠진 사람들은 항상 그럴듯한 핑계를 대어 나태를 합리화시킨다. 그러나 나태는 항상 결심을 흔들리게 하고 끝내는 주의집중력을 떨어뜨린다. 이러한 나태함을 극복하는 데 다음과 같은 방법을 활용하면 효과가 있다.

1) 공부를 하지 않았을 때의 결과를 상상해 본다

나태함에 빠져 아무 공부도 하지 않았을 때의 결과를 상상해 본다. 공부를 하지 않아서 원하는 학교를 못간다든지, 공부를 게을리해서 부모님에게 꾸중을 듣는다든지, 나태함 때문에 가족들의 생계에 막대한 영향을 끼쳤다든지, 나태함 때문에 친구들과의 약속을 어겨 왕따를 당하는 등의 결과를 생각한다면 '나태함을 끝까지 유지할 것인가?' 아니면 '나태함을 여기서 끝낼 것인가?'를 결정할 수 있을 것이다.

2) 나태함에 대한 보상체계를 세운다

나태함에서 벗어나려고 미약하나마 진척을 보인 대가로 스스로에게 보상을 하면, 나태함에서 벗어날 가능성이 훨씬 높아진다. 보상은 다양한 형태를 취할 수 있는데 자신이 좋아하는 영화를 본다거나, 친구를 만나 수다를 떤다거나, 수면을 취하는 것 등이 있다. 이처럼 보상은 대단한 것이 아니라 자신이 원하는 것을 하는 것으로, 나태함에서 벗어나려는 노력을

보일 때마다 주어지면 효과가 높아진다.

3) 나중에 하면 더 쉬울 것인가를 생각해 본다

뒤로 미루는 순간 공부는 아주 잊어버리거나 나중에 다시 시작하려고 할 때 그 공부의 성격이나 규정을 다시 찾지 못해 제대로 수행하지 못하게 될 때가 많다. 그리고 같은 양의 공부를 소화하는 데도 바로 시작하는 것보다 더 오랜 시간이 필요하게 된다. 따라서 공부를 뒤로 미루기 전에 먼저 "이 공부를 나중에 하면 더 쉬울까?"라고 자신에게 물어보도록 한다. 그 대답은 대체로 부정적일 것이다.

4) 주어지면 바로 실천한다

오늘날처럼 급변하는 현실에 비추어 볼 때 마음이 내킬 때까지 기다린다는 것은 사치다. 공부를 미루는 것은 그 공부가 급하지도 않고 중요하지도 않다고 생각하는 데 있다. 그러나 대부분 주어지는 공부는 시급한 것들이 많다.

따라서 어떤 공부든 공부가 주어지면 바로 해결하려는 습관을 가져야 하고, 공부가 몰려서 쌓일 때는 우선적으로 기간이 정해져 있는 급하고 중요한 공부를 하고, 그 후에 기간이 정해지지 않은 공부들을 수행해야 한다.

무슨 공부든 주어지면 실천하려는 노력은 결국 행동으로 전이된다. 보통의 경우, 아무리 하기 싫은 일이라도 일단 행동을 시작하게 되면 마음이 홀가분해지고 기분이 좋아진다는 사실이 입증된 바 있다. 따라서 이제는 뒤로 미루려는 기분 따위는 과감하게 묻어 버리고 주어지는 공부는 무조건 즉시 실천하려는 습관을 기르도록 한다. 공부를 시작한 순간 긍정적인 기운들이 학습동기를 유발시켜 보다 쉽게 공부를 하도록 도울 것이다.

5) 어떤 공부든 쉽게 시작한다

공부가 어렵다고 생각하면서 나중에 해야겠다고 스스로 포기하는 경우가 있다. 어떤 공부든 어렵게 생각하다 보면 바로 시작하지 않고 조금 쉬었다가, 나중에 여유가 있을 때 등등의 위안을 바탕으로 스스로를 합리화하려고 한다.

따라서 해야 할 공부가 주어졌을 때 '어렵다' 혹은 '쉽다'라는 개념으로 구분하지 말고 어떤 공부든 쉽게 생각하고 시작하도록 해야 한다. 비록 처음에는 시간이 걸리고 해결하기 어려운 공부들도 자꾸 연습하고 적응하다 보면 점점 쉬운 공부로 바뀌는 것을 볼 수 있다. 공부는 하지 않으려고 해서 어려운 것이지 하려고만 한다면 어떤 공부든 아주 쉬운 일이 될 수 있음을 명심하자.

6) 반성의 시간을 갖는다

공부를 마친 후 공부의 진행과정과 결과에 대하여 반성의 시간을 가짐으로써 공부를 미루지 않고 바로 처리하는 습관을 굳히는 계기를 마련할 수 있다.

반성의 시간을 갖는다는 것은, 공부가 진행되는 도중에는 '공부를 진행하는 과정에서 문제는 무엇이 있었는가?' 또는 '공부를 진행하는 과정에서 어려운 점은 무엇이었는가?'를 반성해 보고 공부가 끝났을 때에는 '공부의 결과에 자신은 만족하고 있는가?'를 생각해 보는 것이다. 이때 학생으로 하여금 반성의 시간을 통해 얻은 결과물을 적용하여 좋은 학습결과를 얻는 상상을 하게 하면 학업에 대한 성취욕이 커지고 도전의지가 강해져 뒤로 미루는 습관을 보다 쉽게 고칠 수 있다.

7) 진행과정을 미리 구상한다

업무나 공부를 시작할 때, 출발지점이 불명확하거나 진행 순서가 체계적이지 못하면 일을 뒤로 미루는 경향이 있다. 그러나 공부의 진행과정을 미리 구상한다면 이러한 문제를 충분히 해결할 수 있다. 어떤 공부가 주어지든지 그에 따라서 진행 순서를 계획하고 사안마다 구체적으로 어떻게 해야 할지를 구상해 보면, 한번 시작된 공부는 순서대로 일사천리로 진행될 것이다.

나태 정도 검사

여러분의 나태함 정도를 알아보기 위한 질문입니다. 다음 질문에 솔직하게 대답해 주기 바랍니다. 해당 문항이 맞으면 '예'에, 맞지 않으면 '아니요'에 체크해 주세요.

	나의 나태함은 어느 정도일까요?	예	아니요
1	공부를 안 하고 있어도 마음이 편하다.		
2	계획대로 공부를 하지 않아도 마음이 편하다.		
3	자주 공부를 뒤로 미루는 편이다.		
4	공부를 하는 데 뜸을 많이 들이는 편이다.		
5	공부할 때 힘들게 시작한다.		
6	공부하고 나서 반성의 시간을 갖지 않는다.		
7	공부할 때 진행과정을 미리 구상하지 않는다.		
8	생활이 전반적으로 게으른 편이다.		
	'예'에 답한 총 개수 ( ) 개		

'예'가 체크된 문항에 따라

- 6~8개: A 유형–아주 나태하군요.
- 3~5개: B 유형–보통이군요.
- 0~2개: C 유형–아주 부지런하군요.

[A 유형]
- 아주 나태한 학생이다.
- '아니요'라고 답한 것만 찾아서 이유를 물어보고 부족한 부분을 지도해 준다.

[B 유형]
- 보통인 학생이다.
- '아니요'라고 답한 것만 찾아서 이유를 물어보고 부족한 부분을 지도해 준다.

[C 유형]
- 아주 부지런한 학생이다.
- 생활 태도를 그대로 유지해 나갈 수 있도록 지도해 준다.

6 │ 시간 활용으로 주의집중력을 높인다

공부를 할 때 아무 생각 없이 하기보다는 충분한 시간 관리 전략을 세워서 하면 주의집중력을 높일 수 있다. 시간 사용 계획을 세우고, 시간대를 선택하여 집중해서 하고, 반복되는 공부는 습관화하고, 복잡한 공부는 단순화해서 하면 무작정 공부를 진행하는 것보다 효율적일 뿐만 아니라 많은 시간을 벌 수 있다.

1) 시간 사용 계획을 세운다

"누구든 실패하기 위해 계획을 세우진 않는다. 실패하는 사람들은 단지 계획을 세우는 데 실패한 것이다."라는 옛말이 있다. 이것은 결국 계획을 세우지 않기 때문에 실패한다는 것을 의미한다. 따라서 시간 관리를 잘하기 위해서는 시간 사용 계획을 확실히 세우는 것이 무엇보다 중요하다.

2) 시간대를 선택하여 집중해서 공부한다

공부를 못하는 사람의 특징 중에 하나는 닥치는 대로 공부하는 습관을 가진 사람이다. 이처럼 생각나는 대로 공부를 하는 것은 그다지 현명한 방법이 아니다. 사람에 따라 정신 집중이 잘 되는 시간이 있다. 예를 들어 새벽에 주의집중력이 왕성한 사람 또는 아침이나 점심, 저녁, 심야에 왕성한 사람들이 있다. 따라서 정신 집중이 잘 되는 시간, 즉 그만큼 능률이 높은 시간을 선택하여 공부를 하면 보다 큰 효과를 볼 수 있다.

3) 반복되는 공부를 습관화한다

똑같은 공부를 반복적으로 하다 보면 습관이 되어 빨리 할 수 있게 되는데 우리는 이렇게 공부에 숙달되어 있는 사람들을 공부의 달인이라고 한다. 그들이 공부의 달인이 된 데에는 오랫동안 공부를 지속함으로써 공부하는 것이 숙달되었기 때문이기도 하지만, 그보다 어떻게 하면 주어진 공부를 효율적으로 잘할 수 있을지를 고민하면서 더 나은 방법을 찾아냈기

때문이다.

　따라서 자신에게 매일 주어지는 반복되는 공부를 어떻게 하면 시간을 줄여서 해결할 수 있을지, 또한 습관화할 수 있을지를 고민해 보아야 한다. 좀 더 효율적인 방법을 찾아 그것을 짧은 시간에 훨씬 많은 공부를 할 수 있기 때문에 똑같은 분량을 공부해도 시간이 남게 된다.

4) 복잡한 공부는 단순화한다

　어떤 공부든 처음에는 부담스러운 일이 될 수밖에 없다. 그러나 공부에 대한 충분한 분석을 해보면 쉽고 단순하게 처리할 수 있는 방법이 보인다. 특히 복잡한 공부일수록 단순화할 수 있는 것이 많다. 하지만 분석을 하지 않고 공부를 진행하다 보면 오히려 우왕좌왕하다가 시간만 낭비한다. 따라서 어떤 공부든 충분한 분석을 통해서 단순화시키면 빨리 할 수 있는 방법을 찾을 수 있다.

5) 나무보다는 산을 보면서 공부한다

　사물을 보는 방법에는 미시적인 접근 방법과 거시적인 접근 방법이 있다. 미시적 접근 방법으로 공부를 보면 양이 많다거나, 복잡하다거나, 힘들다거나, 어렵다거나 하는 생각에 빠지게 된다. 그러나 거시적인 접근 방법으로 공부를 보면 공부를 할 때 어떤 방법으로 접근해야 하는지, 선택한 방법이 얼마나 큰 효과를 낼 수 있는지를 생각하면서 공부에 집중하게 되므로 시작부터 달라진다.

6) 바이오리듬을 이용한다

　1906년 독일의 의사 프리즈(Fliess)는 환자들을 치료하면서 환자들의 출생일을 기점으로 하는 리듬이 있다는 것을 발견하였다. 그는 체계적인 통계를 바탕으로, 신체리듬, 감성리듬, 지성리듬의 세 가지 변화가 인간의 컨디션 및 삶에 영향을 미친다고 보고 이 연구를 체계적으로 정립하여 환자들의 치료에 응용하였다.

　처음에 환자의 치료 목적이 주가 되었던 바이오리듬은 점차 일상생활에 보급이 되어 응용되었으며, 시간 관리 측면에서도 매우 중요하게 활용되고 있다.

바이오리듬의 구성 요소 중 먼저 신체리듬(physical)은 신체가 얼마나 외부의 물리적인 변화에 잘 적응하고 이겨내는가를 나타내는 것으로서 23일을 주기로 최고가 된다. 감성리듬(emotional)은 인간의 감정을 나타내는 것으로서 자신의 기분이나 상태를 알아볼 수 있으며 28일을 주기로 최고가 된다. 지성리듬(intellectual)은 인간의 두뇌활동을 알아볼 수 있으며 33일을 주기로 최고가 된다.

바이오리듬의 주기에 맞추어 월 단위 계획을 세우면 효율적인데, 신체리듬이 높을 때는 몸으로 하는 공부를 집중적으로 배정하고, 감성리듬이 높을 때는 창조적이거나 예술적인 공부를 집중적으로 배정하며, 지성리듬이 높을 때는 지적으로 높은 주의집중력이 요구되는 공부를 배정하는 것이 좋다. 물론 바이오리듬을 구성하는 신체리듬, 감성리듬, 지성리듬 세 가지가 가장 높을 때는 어떤 공부를 해도 효과적이다.

자신의 바이오리듬을 정확히 알고 공부를 하고자 한다면 '바이오리듬'을 제공하는 인터넷 사이트를 활용하도록 한다.

7) 수업 시작 5분 전에 앉고 수업 종료 5분 뒤에 일어난다

공부에 집중하기 위해서는 수업 시작 5분 전에 자리에 앉아서 그날 배울 내용들을 개략적으로 예습을 한다. 또한 수업이 끝나면 바로 일어나지 말고 필기한 것을 중심으로 학습한 내용을 정리해 본다. 기억에 관한 연구에 따르면, 수업 직후 10분간의 복습이 나중에 하는 10시간의 학습 효과와 동일하다고 한다.

 시간 관리 검사

다음 질문은 여러분이 시간을 어떻게 활용하고 있는지를 알아보기 위한 것입니다. 이를 통해 시간 관리를 잘하고 있는지에 대해 생각해 보기 바랍니다. 따라서 질문에 솔직하게 대답해 주기 바랍니다. 해당 문항이 맞으면 '예'에, 맞지 않으면 '아니요'에 체크해 주세요.

	나의 시간 관리 능력은 어느 정도일까요?	예	아니요
1	매일 규칙적으로 공부한다.		
2	시험 준비 시간이 부족하지 않다.		
3	하루 중 공부가 잘되는 시간이 있다.		
4	공부를 위해 일일 시간 사용 계획을 세운다.		
5	일일 시간 사용 계획대로 공부한다.		
6	공부에 가장 많은 시간을 배정한다.		
7	자투리 시간을 이용해서 공부한다.		
8	앉으면 바로 공부한다.		
9	우선순위를 정해 놓고 공부한다.		
10	주어진 시간 동안 공부할 수 있는 범위를 파악하고 시간에 맞는 공부를 한다.		

'예'에 답한 총 개수 ( ) 개

'예'가 체크된 문항에 따라

- 8~10개: A 유형 – 시간 관리를 아주 잘하는군요.
- 4~ 7개: B 유형 – 시간 관리가 보통이네요.
- 0~ 3개: C 유형 – 시간 관리 습관을 바꾸어 보세요.

[A 유형]
- 시간 관리를 잘하는 학생이다.
- '아니요'라고 답한 것만 찾아서 이유를 물어보고 부족한 부분을 지도해 준다.

[B 유형]
- 시간 관리를 잘 못하는 학생이다.
- '아니요'라고 답한 것만 찾아서 이유를 물어보고 부족한 부분을 지도해 준다.

[C 유형]
- 시간 관리를 전혀 하지 않는 학생이다.
- 전반적으로 시간 관리에 대해 처음부터 숙달되도록 지도해 준다.

1. **매일 규칙적으로 공부하지 않는다.**

   공부는 매일 규칙적으로 해야 효과가 있다는 것을 알려 주고 공부가 습관이 되어야 한다는 것을 지도한다.

2. **시험 준비 시간이 부족하다.**

   시험 준비 시간이 부족하다는 것은 시간을 효율적으로 관리하지 못하고 있기 때문이므로 효율적으로 시간 관리를 하기 위한 전략을 지도한다.

3. **하루 중 공부가 잘되는 시간이 없다.**

   하루 중 공부가 잘되는 시간을 찾아내어 주의집중력이 필요한 공부에 할애하도록 지도한다.

4. **공부를 위해 일일 시간 사용 계획을 세우지 않는다.**

   공부를 잘하기 위해서는 일일 시간 사용 계획을 세우도록 지도한다.

5. **일일 시간 사용 계획대로 공부하지 않는다.**

   공부는 계획만 세운다고 되는 것이 아니라 계획대로 실천을 해야만 공부 습관으로 정착될 수 있음을 지도한다.

6. **다른 것에 많은 시간을 배정한다.**

   공부를 잘하기 위해서는 공부에 가장 많은 시간을 배정해야 함을 알려 준다.

7. **자투리 시간을 이용하지 않는다.**

   공부하는 데 시간이 부족하다고 생각한다면 자투리 시간을 활용하는 방법을 알려 준다.

8. **앉으면 바로 공부하지 않는다.**

   주변 정리나 기타 다른 일로 많은 시간을 소비하게 되면 공부 시간이 단축되어 비효율적이므로 앉으면 바로 공부할 수 있도록 지도한다.

9. **우선순위를 정해 놓지 않고 공부한다.**

   공부에는 우선순위가 있는데 그것을 정해 놓고 공부하게 되면 시간을 효율적으로 활용할 수 있다는 것을 알려 준다.

10. **주어진 시간 동안 아무렇게나 공부한다.**

    주어진 시간 동안 공부할 수 있는 범위를 파악하고 시간에 맞는 공부를 하도록 지도한다. 너무 무리한 계획을 세우면 포기하게 되고 결국은 공부가 싫어진다.

7 | 주의집중력 장애요소를 제거한다

주의집중력은 말 그대로 한곳에 온 정신을 몰두하는 것이다. 하지만 우리 주변에는 주의 집중력을 방해하는 요소가 많다. 예를 들어 전화, 텔레비전, 컴퓨터, 친구와 같은 외부적인 요소나 실망, 걱정, 흥분과 같은 내부적인 요소들은 온전히 우리가 한곳에 집중할 수 없도록 한다. 따라서 주의집중력을 높이기 위해서는 우선 주의집중력을 방해하는 요소가 무엇인지 파악하고 이를 제거하는 노력부터 해야 한다.

다음은 주의집중력을 방해하는 요인을 환경적 요인, 심리적 요인, 학습적 요인, 신체적 요인, 외부적 요인으로 구분한 것이다.

구분	내용	
환경적 요인	• 정리되지 않은 공간 • 불쾌한 환경	• 사람에 의한 방해 • 소음
심리적 요인	• 무기력한 태도 • 건망증 • 우유부단함 • 과도한 의욕	• 개인적 혼란 및 걱정 • 다른 사람의 말을 못 알아들음 • 실천력 부족 • 일어나지 않은 일에 대한 과도한 걱정
학습적 요인	• 완수하지 않은 공부의 방치 • 매사 불분명한 정의 • 불분명한 목표	• 과도한 공부 • 뒤로 미루는 습관 • 엉성한 계획
신체적 요인	• 피로	• 수면 부족
외부적 요인	• 불필요한 대화 • 우선순위의 변경과 충돌 • 핸드폰 • 음식 • 부모의 심부름	• 커뮤니케이션 부족 • 컴퓨터 게임 • 텔레비전 • 놀이 • 분쟁(다툼)

방해요소를 제거하는 방법은 먼저 나에게 방해요소가 정확히 무엇인지 규정을 하고 집중하기 전에 방해요소를 제거하는 것이다. 방해요소는 사람의 성격, 생활방식 등에 따라 다를 수 있기 때문이다. 즉, 나에게는 방해요소지만 다른 사람에게는 아닐 수 있다.

1) 텔레비전이 눈에 보이지 않도록 한다

공부하는 데 텔레비전이 눈앞에 있으면 보고 싶어진다. 따라서 텔레비전은 없애는 것이 좋으나 꼭 있어야 한다면 가능한 한 시야에 들어오지 않도록 배치한다.

2) 컴퓨터는 거실에 놓는다

부모들의 걱정거리 중 하나가 자녀들의 컴퓨터 게임이다. 컴퓨터 게임에 빠지면 자제력을 잃게 되어 끊임없이 하고 싶어 한다. 부모 몰래 게임을 계속 하기 때문에 컴퓨터는 공부방에 두지 않는 것이 좋다. 쉬는 시간에만 컴퓨터 게임을 할 수 있도록 거실에 두도록 한다.

3) 공부 중에는 전화를 꺼 놓는다

요즘 학생들은 휴대폰이 없으면 불안해할 정도로 문자를 주고받는 것을 즐긴다. 따라서 공부하는 동안 휴대폰을 켜 놓으면 공부에 집중하기 어려우므로 중요한 전화를 기다리는 경우가 아니라면 휴대폰은 공부하는 동안 꺼두도록 한다.

4) 침대에 누워서 공부하지 않는다

책상 앞에 오랫동안 앉아서 공부를 하다가 침대를 보면, 누워서 쉬거나 누워서 공부하고 싶은 생각이 든다. 잠시 눕게 되면 너무 편안한 나머지 잠이 들어 버려 학습에 방해가 된다. 따라서 공부하는 도중에는 침대에 눕는 것을 자제한다.

5) 음악은 선택해서 듣는다

공부할 때 음악은 독이 되기도 하고 약이 되기도 한다. 음악을 들어야만 공부가 잘되는 학생들이 있다. 일반적으로 가사가 있는 대중음악을 들으면서 공부를 하는 것은 주의집중력을 떨어뜨려 학습 효과를 약화시킨다. 하지만 가사 없이 음으로만 구성한 고전음악을 들으면서 공부하는 것은 마음을 안정시켜 주어 주의집중력 향상에 어느 정도 도움을 준다. 또한 외부에서 들려오는 소음에 대응하는 방법으로 이러한 음악을 사용하는 것도 좋은 방법이다.

주의집중력을 높이는 데 도움이 되는 음악

- 〈페르시아의 시장에서〉―케텔비
- 〈「마탄의 사수」 서곡〉―베버
- 〈나팔수의 휴일〉―앤더슨
- 〈「윌리엄텔」 서곡〉―로시니
- 〈「지오콘다」, 시간의 춤〉―폰키 엘리
- 〈헝가리 무곡 제5번 사단조〉―브람스
- 〈「카발레리아 루스티카나」, 중간곡〉―마스카니
- 〈「아이다」 제2막, 개선 행진곡〉―베르디
- 〈라테츠키 행진곡 작품 228〉―요한 스트라우스
- 〈「호두까기 인형」 작품 71A, 작은 서곡〉―차이코프스키
- 〈싱코페이티드 클락〉―앤더슨
- 〈「나부코」, 히브리 노예들의 합창〉―베르디
- 〈타이스 명상곡〉―마스네
- 〈「트리치 트라치」 작품 214〉―요한 스트라우스

주의집중력을 방해하는 요소를 심리적 요인, 학습적 요인, 신체적 요인, 환경적 요인, 외부적 요인으로 나누어 찾은 다음 그에 따른 해결책을 적어 보세요. 그런 다음 일주일 동안 그대로 노력해 보세요. 일주일이 지난 후 자신이 얼마나 변화했는지 스스로 평가하고 칭찬해 보세요.

구분	내용	해결책	칭찬하기
심리적 요인	게으름	시간 계획 세우기	
	과도한 걱정	일어날 상황인지 객관적으로 파악	
학습적 요인	암기력 부족	암기 방법에 대한 공부하기	
	뒤로 미루는 습관	'뒤로 미루는 일' 목록을 적고, 활동계획을 짜본다.	
	불분명한 목표	목표를 완수할 기간을 명확히 정하고, 어떤 것을 할 것인지 범위를 확실히 정한다.	
신체적 요인	감기에 걸림	마스크를 쓰고 공부하기	
환경적 요인	엄마와 나와의 갈등	내가 먼저 사과하기	
	친구와의 갈등	갈등 요인이 무엇인지 생각해보기	
외부적 요인	소음이 심함	소음을 차단	

활동 4	주의집중력을 떨어뜨리는 요소 열 가지 찾기

다음은 여러분이 공부할 때 주의집중력을 떨어뜨리게 하는 방해요소를 적는 활동지입니다. 열 가지를 모두 적고 가장 주의집중력을 떨어뜨리는 요소부터 순위를 매겨 보세요.

	방해요소	순위
1	전화나 문자를 하고 싶은 마음	3
2	게임을 하고 싶은 마음	1
3	친구와 놀고 싶은 마음	2
4	방 청소가 안 되어 있음	4
5	소음문제	7
6	친구와의 다툼	6
7	집안 사정의 어려움	9
8	건강이 안 좋음(감기, 골절, 교통사고)	5
9	이성문제	8
10	온도가 너무 높거나 낮음	10

8 │ 다이아몬드 존의 앞쪽에 앉는다

교사를 중심으로 다이아몬드 존에 앉아 교사와 눈도 맞추고 고개도 끄덕여 보면 수업에 훨씬 집중이 잘된다. 다이아몬드 존의 앞쪽에 앉을수록 주변에 신경을 쓰지 않을 수 있어서 수업에 집중하기 좋다. 뿐만 아니라 선생님들과 의사소통할 수 있는 시간이 많아지고 친밀감을 느끼기가 쉬워 공부가 즐거워진다. 통계적으로 앞쪽에 앉는 학생일수록 성적이 높다. 이는 수업에서 교사와의 의사소통이 그만큼 중요하다는 것을 의미한다.

다이아몬드 존의 위치

제 3 장

주의집중력 향상을 위한 활동

집중력 향상을 위한 활동		
목표	• 학습에 대한 주의집중력을 향상시킬 수 있다. • 집중하는 방법을 활용하는 습관을 키우도록 한다.	
단계	**교수 · 학습 활동**	**자료**
1 **도입단계**	• 주의집중력 향상을 위한 동기 유발 −주의집중력을 향상할 수 있는 방법 떠올리기	
2 **전개단계**	• 주의집중력 향상 활동하기	활동 5~27

3 **정리단계**	• 수업 소감 발표
	  −주의집중력을 향상할 수 있는 방법 발표하기
	  −활용 계획 이야기하기	

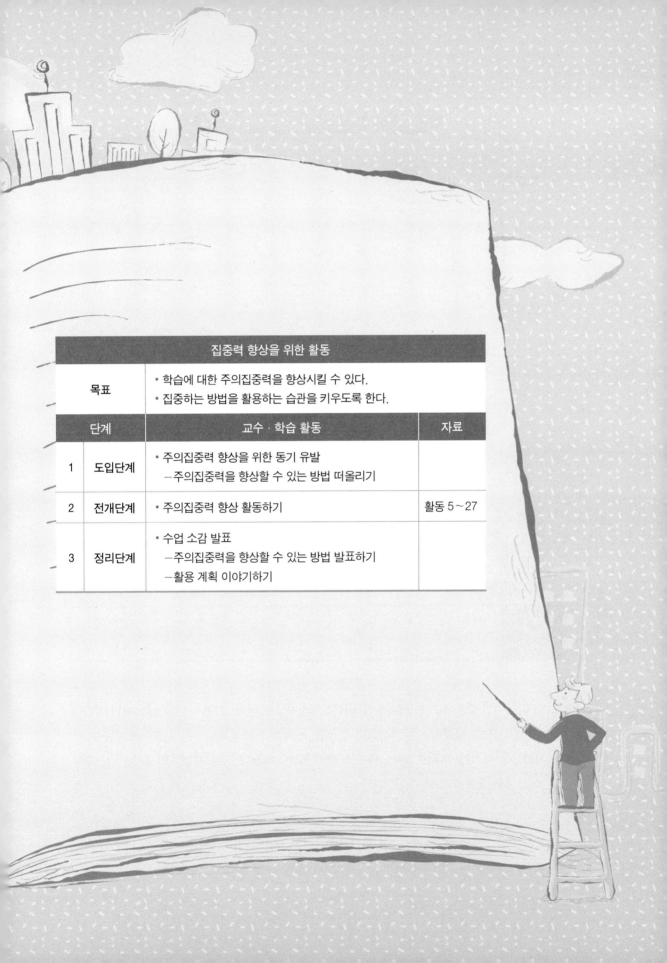

《 1단계 》

다음의 그림을 30초간 보고 눈을 감으면 잔상이 나타납니다. 잔상이 오래 지속될수록 주
의집중력이 높아집니다. 잔상이 나타난 시간을 체크해 보세요.

회차	1	2	3	4	5
시간(초)	17	12	10	7	11

🖐 5초 이하인 경우에는 꾸준히 주의집중력 트레이닝을 해야 합니다. 10초 이상이면 평범한
   것이고, 20초 이상이면 주의집중력이 높은 상태입니다. 오전, 오후, 저녁으로 나누어 활
   동한 후 자신이 하루 중 어느 때에 특히 주의 산만해지는지를 확인하면 집중이 잘 되는
   시간대를 찾을 수 있을 것입니다.

※ 잔상 : 외부자극이 사라진 뒤에도 감각 경험이 지속되어 나타나는 상으로서, 촛불을 한
   참 바라본 뒤에 눈을 감아도 그 촛불의 상이 나타나는 현상 따위를 말한다.

다음의 그림을 30초간 보고 눈을 감으면 잔상이 나타납니다. 잔상이 오래 지속될수록 주의집중력이 높아집니다. 잔상이 나타난 시간을 체크해 보세요.

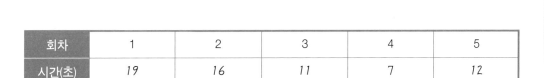

회차	1	2	3	4	5
시간(초)	19	16	11	7	12

5초 이하인 경우에는 꾸준히 주의집중력 트레이닝을 해야 합니다. 10초 이상이면 평범한 것이고, 20초 이상이면 주의집중력이 높은 상태입니다. 오전, 오후, 저녁으로 나누어 활동한 후 자신이 하루 중 어느 때에 특히 주의 산만해지는지를 확인하면 집중이 잘 되는 시간대를 찾을 수 있을 것입니다.

《 1단계 》

다음 표 안에는 1부터 25까지의 숫자가 있습니다. 1부터 25를 순서대로 찾아서 표시를 해 보세요. 찾으면서 시간을 체크해 보세요.

10	1	17	5	13
8	14	2	19	6
7	11	23	3	15
4	18	25	9	24
12	20	22	21	16

회차	1	2	3	4	5
시간(초)	25	21	22	20	19

2단계

다음 표 안에는 2의 배수에 해당하는 숫자들이 있습니다. 2부터 50까지 순서대로 찾아서 표시를 해 보세요. 찾으면서 시간을 체크해 보세요.

2	10	38	44	32
8	28	4	22	48
20	6	42	40	14
26	30	50	12	34
24	16	36	46	18

회차	1	2	3	4	5
시간(초)	34	31	28	28	29

다음 표 안에는 A부터 Y까지의 알파벳이 있습니다. A부터 Y까지 순서대로 찾아서 표시를 해 보세요. 찾으면서 시간을 체크해 보세요.

H	X	B	N	D
P	Y	U	G	L
K	A	Q	J	T
S	V	C	W	I
R	M	E	O	F

회차	1	2	3	4	5
시간(초)	38	38	36	33	35

다음 표 안에는 가부터 커까지의 글자가 있습니다. 순서대로 찾아서 표시를 해 보세요.
찾으면서 시간을 체크해 보세요.

나	서	차	거	라
어	마	저	너	버
아	더	카	커	자
파	러	처	바	하
다	사	타	머	가

회차	1	2	3	4	5
시간(초)	42	40	38	38	40

((1단계))

　왼쪽 위에서 시작하여 오른쪽 밑으로 미로를 찾아보세요. 찾으면서 시간을 체크해 보세요.

회차	1	2	3	4	5
시간(초)	5	4	6	3	3

2단계

오른쪽 위에서 시작하여 왼쪽 밑으로 미로를 찾아보세요. 찾으면서 시간을 체크해 보세요.

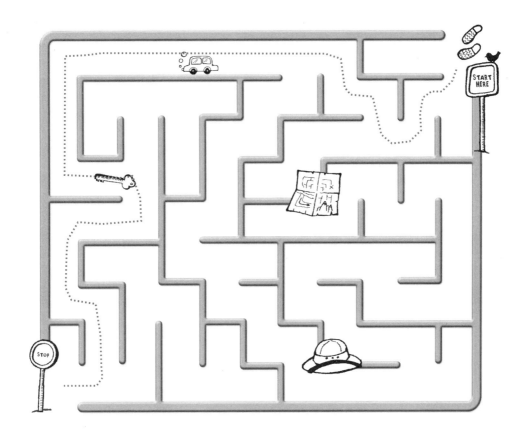

회차	1	2	3	4	5
시간(초)	9	4	3	3	2

3단계

왼쪽 아래에서 시작하여 오른쪽 위로 미로를 찾아보세요. 찾으면서 시간을 체크해 보세요.

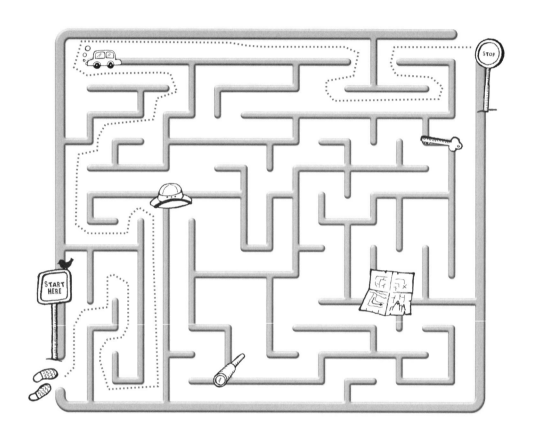

회차	1	2	3	4	5
시간(초)	9	7	6	5	5

1단계

두 그림을 비교하여 다른 곳을 찾아보세요.

두 그림을 비교하여 다른 곳을 찾아보세요.

두 그림을 비교하여 다른 곳을 찾아보세요.

《 1단계 》

다음을 보고 숨은 그림을 찾아보세요.

숨은 그림: 슬리퍼, 은행잎, 반바지, 연필, 야구방망이, 양말

다음을 보고 숨은 그림을 찾아보세요.

숨은 그림: 은행잎, 물고기, 챙모자, 사냥총, 버선, 등산용지팡이

다음을 보고 숨은 그림을 찾아보세요.

숨은 그림: 낚시바늘, 삼각자, 사람 얼굴(옆모습), 하트모양, 물음표, 쥐, 국자, 바나나, 옷걸이

1단계

보기와 같은 순서로 숫자를 찾아보세요.

보기

시작 ⇨ ① ② ③ ④ ⑤ ⑥
⑦ ⑧ ⑨ ⑩

13

14

12

3

6

8

13

4

9

3

5

7

5

2

시작 ⇨ 1

6

10

4

8

2

9

10

11

14

11

12

보기와 같은 순서로 숫자를 찾아보세요.

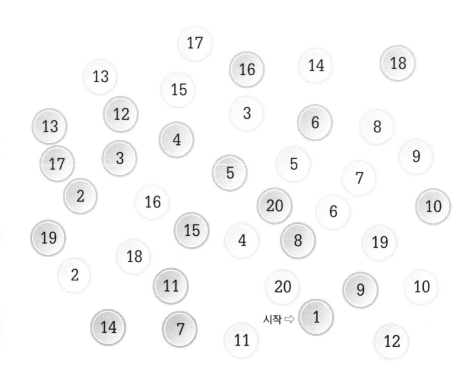

활동 13 | 수 세기

✎ 수 세기를 다양하게 하는 활동은 주의집중력에 상당한 도움을 줍니다. 10일 동안 꾸준히 연습을 하면 두뇌 능력이 크게 향상됩니다.

다음에 제시한 활동대로 수 세기를 해 보세요.

활동	수 세기
3의 배수	3 6 9 12 15 ……
숫자의 자승	2 4 8 16 32 64 ……
홀수	1 3 5 7 9 ……
10의 거듭제곱	10 100 1000 10000 100000 ……
1을 자연수로 나누기	1 0.5 0.33 0.25 0.2 0.17 ……
2진법	0 1 10 11 100 101 110 111 ……
100을 2의 제곱수로 나누기	100 50 25 12.5 6.25 3.125 ……
홀수 3개, 짝수 3개	1 3 5 2 4 6 7 9 11 8 10 12 ……
음의 정수	−1 −2 −3 −4 −5 −6 −7 ……
7의 배수에 1 더하기	1 8 15 22 29 36 ……

활동 13. 수 세기   81

다음의 문제를 모두 풀어 보세요.

계산	답
191 + 26	217
373 + 18	391
292 + 43	335
182 + 13	195
752 + 38	790
611 + 32	643
298 + 65	363
191 − 26	165
373 − 18	355
292 − 43	249
182 − 13	169
752 − 38	714
611 − 32	579
298 − 65	233

계산	답
191 × 26	4,966
373 × 18	6,714
292 × 43	12,556
182 × 13	2,366
752 × 38	28,576
611 × 32	19,552
298 × 65	19,370
191 ÷ 26	7
373 ÷ 18	21
292 ÷ 43	7
182 ÷ 13	14
752 ÷ 38	20
611 ÷ 32	19
298 ÷ 65	5

단순 계산은 복잡한 계산보다 두뇌를 움직이는 데 상당한 도움을 줍니다. 10일 동안 꾸준히 연습을 하면 두뇌 능력이 크게 향상됩니다.

《 1단계 》

처음 시작된 단어의 끝말을 이어가 보세요. 한 줄을 다 채우면 마지막 단어의 끝말을 다음 줄 왼쪽부터 시작하세요.

강아지	지렁이	이불	불장난	난간
간단	단소	소식	식사	사용
용서	서울	울산	산수	수박
박자	자아	아버지	지리학	학기
기술	술래잡기	기억	억지	지게

처음 시작된 단어의 끝말을 이어가 보세요. 한 줄을 다 채우면 마지막 단어의 끝말을 다음 줄 왼쪽부터 시작하세요.

행복	복수	수집	집사	사수
수산물	물레방아	아프리카	카센터	터미널
널판지	지식	식당	당면	면접
접미사	사상	상식	식구	구두
두더지	지우개	개미	미역	역도

((1단계))

처음 시작된 단어의 끝말을 이어가 보세요. 한 줄을 다 채우면 마지막 단어의 끝말을 다음 줄 왼쪽부터 시작하세요.

teacher 선생님	**red** 빨강	*dream* 꿈	*mind* 생각	*dead* 죽음
dog 개	*gender* 성별	*reason* 이유	*north* 북쪽	*hero* 영웅
object 물체	*tear* 눈물	*right* 오른쪽	*time* 시간	*echo* 메아리
opinion 의견	*news* 뉴스	*sport* 운동	*tea* 차	*apple* 사과
envy 질투	*yesterday* 어제	*youth* 젊음	*heaven* 천국	*noon* 정오

처음 시작된 단어의 끝말을 이어가 보세요. 한 줄을 다 채우면 마지막 단어의 끝말을 다음 줄 왼쪽부터 시작하세요.

happy 행복	yard 마당	dragon 용	note 공책	earth 지구
heart 마음	tume 가락	eagle 독수리	east 동쪽	torrent 급류
think 생각	key 열쇠	yellow 노랑	work 일	korea 한국
angel 천사	limit 한계	top 꼭대기	people 사람	economy 절약
yell 고함소리	love 사랑	essay 수필	year 연도	rain 비

도형의 순서를 보고 다음에 어떤 도형이 나올지 그려 보세요.

도형 순서	답
■ ▲ ● ○ □ △ ■ ▲ ● ○ □	△
◐ ◑ ◐ ◑ ◐ ◑ ◐ ◑	◑
♤ ♠ ◐ ♤ ♠ ◐ ♤ ♠ ◐ ♤	♠
◑ ♤ ◐ ♠ ◐ ♠ ◐ ♤ ◑	♤
♠ ♤ ◐ ◑ ♠ ♤ ◑ ◑ ♠ ♤ ◐	♠
○ ● □ ■ ● ○ ■	□
▨ ▧ ▥ ▤ ▩ ▦ ▨ ▧ ▥ ▤ ▩	▦
▤ ▩ ▦ ▩ ▦ ▤ ▩ ▦ ▩	▤
◀ ◁ ▷ ▶ ▷ ▶ ◀ ◁ ◀ ▶ ◁	▷
↗ ↖ ↙ ↘ ↗ ↖ ↙	↘
↘ ↗ ↘ ↗ ↘ ↗ ↘	↗

1단계

다음 문장을 보고 띄어쓰기를 하여 다시 써 보세요.

보기

주의집중력이란마음이나주의를집중할수있는힘을말한다.

⇨ 주의집중력이란∨마음이나∨주의를∨집중할∨수∨있는∨힘을∨말한다.

---

1 똑같은시간에많은공부를할수있게해준다.

⇨ 똑같은∨시간에∨많은∨공부를∨할∨수∨있게∨해∨준다.

---

2 주의집중력이낮으면좀전에학습한것도금방잊어버리게된다.

⇨ 주의집중력이∨낮으면∨좀∨전에∨학습한∨것도∨금방∨잊어버리게∨된다.

---

3 주변환경이어색하거나적응하기어려우면신경이쓰이기때문에주의집중력이떨어진다.

⇨ 주변∨환경이∨어색하거나∨적응하기∨어려우면∨신경이∨쓰이기∨때문에∨주의집중력이∨떨어진다.

④ 공부를하다가멍하니딴생각에빠지면공부를해도제시간에끝내지못할뿐더러공부를다시해야해서시간이많이걸린다.

⇨ 공부를∨하다가∨멍하니∨딴∨생각에∨빠지면∨공부를∨해도∨제시간에∨끝내지∨못할∨뿐더러∨공부를∨다시∨해야∨해서∨시간이∨많이∨걸린다.

2단계

① 주의집중력이란결국자기통제능력과같은것으로자기자신에대한통제력이강해지면학습을위해다른것을포기할수있게해준다.

⇨ 주의집중력이란∨결국∨자기∨통제능력과∨같은∨것으로∨자기자신에∨대한∨통제력이∨강해지면∨학습을∨위해∨다른∨것을∨포기할∨수∨있게∨해∨준다.

② 주의집중력은하겠다는강한신념을바탕으로하기때문에공부를시작하였을때중간에그만두지않도록한다.

⇨ 주의집중력은∨하겠다는∨강한∨신념을∨바탕으로∨하기∨때문에∨공부를∨시작하였을∨때∨중간에∨그만두지∨않도록∨한다.

3 주의집중력이높아지면동일한시간에많은공부를할수있기때문에정보를받아서처리하는능력이높아진다. 이를통해서같은시간에많은공부를할수있게해준다.

⇨ 주의집중력이∨ 높아지면∨ 동일한∨ 시간에∨ 많은∨ 공부를∨ 할∨ 수∨ 있기∨ 때문에∨ 정보를∨ 받아서∨ 처리하는∨ 능력이∨ 높아진다. ∨ 이를∨ 통해서∨ 같은∨ 시간에∨ 많은∨ 공부를∨ 할∨ 수∨ 있게∨ 해∨ 준다.

4 주의집중력을높이려면주변환경을쾌적하게바꾸어서최대한한곳에집중할수있도록하는것이중요하다.

⇨ 주의집중력을∨ 높이려면∨ 주변환경을∨ 쾌적하게∨ 바꾸어서∨ 최대한∨ 한곳에∨ 집중할∨ 수∨ 있도록∨ 하는∨ 것이∨ 중요하다.

5 공부방의출입구는시야에들어오도록옆에두거나앞에서볼수있게책상의위치를잡아주어마음편하게공부에집중할수있도록한다.

⇨ 공부방의∨ 출입구는∨ 시야에∨ 들어오도록∨ 옆에∨ 두거나∨ 앞에서∨ 볼∨ 수∨ 있게∨ 책상의∨ 위치를∨ 잡아∨ 주어∨ 마음∨ 편하게∨ 공부에∨ 집중할∨ 수∨ 있도록∨ 한다.

6 어두운조명아래서공부를하게되면눈에부담을주기때문에공부할때는눈이편하게느낄정도의밝기를유지하는것이좋다.

⇨ 어두운∨ 조명∨ 아래서∨ 공부를∨ 하게∨ 되면∨ 눈에∨ 부담을∨ 주기∨ 때문에∨ 공부할∨ 때는∨ 눈이∨ 편하게∨ 느낄∨ 정도의∨ 밝기를∨ 유지하는∨ 것이∨ 좋다.

《 1단계 》

다음 글에서 잘못 쓴 단어 2개를 찾아 적절하게 고쳐 보세요.

보기

도정 없는 성공이란 있을 수 있다.
⇨ 도전 없는 성공이란 있을 수 없다.

---

1 항상 머리속에 성공한 자기 모양을 그린다.
⇨ 항상 머릿속에 성공한 자기 모습을 그린다.

---

2 우리는 오직 하나밖에 없는 시간을 가지고 단 한분뿐인 인생을 살아가고 있다.
⇨ 우리는 오직 하나밖에 없는 생명을 가지고 단 한번뿐인 인생을 살아가고 있다.

③ 학원이다 과외다 해서 <u>어른들은</u> 어른보다 더 <u>여유 있는</u> 생활을 하고 있다.

⇨ 학원이다 과외다 해서 아이들은 어른보다 더 바쁜 생활을 하고 있다.

④ 이 세상에 태어난 모든 <u>사신들은</u> 발전하고 변화할 수 있는 가능성을 지닌 소중한 존중이다.

⇨ 이 세상에 태어난 모든 사람들은 발전하고 변화할 수 있는 가능성을 지닌 소중한 존재다.

2단계

다음 글에서 잘못 쓴 단어 2개를 찾아 적절하게 수정해 보세요.

① 미래를 밝고 <u>까다롭게</u> 하기 위하여 지금 더욱 <u>공사를</u> 열심히 해야 한다.

⇨ 미래를 밝고 희망차게 하기 위하여 지금 더욱 공부를 열심히 해야 한다.

② 책상 위로 <u>태음의</u> 직사광선이 들어오면 눈이 부셔서 오히려 주의집중력이 <u>높아진다.</u>

⇨ 책상 위로 태양의 직사광선이 들어오면 눈이 부셔서 오히려 주의집중력이 떨어진다.

③ 바퀴가 달린 이동식 <u>의지</u>나 회전식 <u>의지</u>는 신체를 조금만 움직여도 따라서 <u>기어가</u> <u>므로</u> 좋지 않다.

⇨ 바퀴가 달린 이동식 의자나 회전식 의자는 신체를 조금만 움직여도 따라서 움직이므로 좋지 않다.

④ 공부할 때 <u>연필</u>과 눈의 거리가 너무 가깝거나 멀면 <u>시야가</u> 나빠진다.

⇨ 공부할 때 책과 눈의 거리가 너무 가깝거나 멀면 눈이 나빠진다.

⑤ 공부를 잘하는 <u>선생님들</u>은 책상 정리의 중요성을 감소하고 있다.

⇨ 공부를 잘하는 학생들은 책상 정리의 중요성을 강조하고 있다.

⑥ 하루에 한 번은 <u>가벼이</u> 규칙적인 운동을 하여 신체의 <u>스트레칭</u>을 풀어 준다.

⇨ 하루에 한 번은 가볍게 규칙적인 운동을 하여 신체의 스트레스를 풀어 준다.

1단계

다음의 가로 열쇠와 세로 열쇠를 이용하여 낱말 퀴즈를 풀어 보세요.

가로 열쇠	1. 공중에 세워 전파를 보내거나 받아들이는 장치 3. 두 개의 악기로 합주하는 연주 6. 산에 나무를 심는 날. 4월 5일 9. 여행하면서 보고, 듣고, 느끼고, 겪은 것을 적은 글
세로 열쇠	1. 시력이 좋지 않을 때 눈에 쓰는 물건 2. 사람이 세상에 나서 살아온 햇수 4. 두 사물의 사이 5. 길의 중요한 통로가 되는 어귀 7. 그날 겪은 일이나 생각 등을 날마다 적은 기록 8. 집의 정문

¹안	테	²나	♥	♥
경	♥	³이	⁴중	주
♥	⁵길	♥	간	♥
⁶식	목	⁷일	♥	⁸대
♥	♥	⁹기	행	문

다음의 가로 열쇠와 세로 열쇠를 이용하여 낱말 퀴즈를 풀어 보세요.

가로 열쇠	1. 여러 짐승들을 모아 기르며 사람들에게 관람시키는 곳 3. 경상남도에 있으며 우리나라에서 두 번째로 큰 도시 4. 계획하는 일이나 집안이 잘되기를 바라면서 지내는 제사 6. 산 속의 길 8. '해'를 다정하게 부르는 말 9. 거리를 짧게 하는 것. ○○○ 다가와 앉아라.
세로 열쇠	1. 작고 아담한 산 2. 책이나 인쇄를 하기 위해서 쓴 글이나 그림 3. 움직여 옮길 수 없는 재산 5. 남의 부인이나 스승의 부인을 높여 부르는 말 7. 시내의 양 가장자리를 시냇가라고 합니다. 길의 양 가장자리는? 8. 긴장이 풀어져 마음이 느슨함

♥	1 동	물	2 원	♥
3 부	산	♥	4 고	5 사
	♥	♥	♥	모
6 산	7 길	♥	8 해	님
♥	9 가	까	이	♥

다음의 가로 열쇠와 세로 열쇠를 이용하여 낱말 퀴즈를 풀어 보세요.

가로 열쇠	1. 옛날 전쟁 때 화살이나 창, 검을 막기 위하여 입던 옷 3. 임금을 섬기어 벼슬하는 사람 4. 사람이 죽은 날, 제삿날 6. 목적지에 다다름, 같은 말은 도착 8. 대가로 지불하는 돈 9. 작게 뭉쳐진 덩어리
세로 열쇠	1. 생각할 사이도 없이 급히 2. 땅 밑으로 낸 길 5. (월요일을 기준으로 하였을 때) 한 주의 마지막 날 7. 나사 모양의 껍질을 지고 다니는 동물. 습기가 많은 풀밭에서 볼 수 있다.

1 갑	옷	♥	2 지	♥
자	♥	3 신	하	♥
4 기	5 일	♥	6 도	7 달
♥ 8	은	금	♥	땡
♥	일	♥	9 덩	이

다음의 가로 열쇠와 세로 열쇠를 이용하여 낱말 퀴즈를 풀어 보세요.

가로 열쇠	2. 남의 물건을 훔치거나 빼앗는 사람 3. 조선 시대에 임금의 명령을 받아 지방 정치의 잘잘못과 백성의 사정을 몰래 살피던 벼슬아치, ○○○○ 박문수 4. 귀한 집안의 사내아이를 높여 부르는 말 8. 어린아이가 걷기를 배울 때의 걸음걸이, ○○○ 아장아장
세로 열쇠	1. 사람을 태우고 날아다니는 기계를 통칭하여 이르는 말 2. 뱃사공의 우두머리 5. 자기의 능력을 믿는 마음 6. 지용이 뛰어나고 기개가 있는 사람, 영웅 ○○ 7. 여름철에 비가 계속 내리는 현상이나 날씨

♥	¹비	♥	²도	둑
³암	행	어	사	♥
♥	기	♥	⁴공	⁵자
⁶호	♥	⁷장	♥	부
⁸걸	음	마	♥	심

1단계

다음 빈칸에 알맞은 말을 채워 속담을 완성해 보세요.

속담	뜻
같은 값이면 다 홍 치 마	같은 값이면 품질이 더 나은 물건을 고르고 같은 노력을 들인다면 이익이 많은 일을 하겠다는 뜻
가는 날이 장 날이다.	뜻하지 않은 일을 당해서 잘 이루어지지 않은 경우나 생각지 못한 일이 생겨서 뜻밖의 재미를 보았을 때 사용하는 말
개구리 올 챙 이적 생각 못한다.	지난 날의 어려웠던 시절을 까맣게 잊고 큰소리치며 잘난 체하는 사람에게 사용하는 말
개 밥의 도 토 리	주위와 어울리지 못하고 외톨박이로 지내는 사람을 빗대어 나타내는 말
고 래 싸움에 새 우등 터진다.	힘 센 사람들의 싸움에 약한 사람이 끼어 공연히 피해를 입을 때 비유해서 쓰는 말
고양이 앞에 쥐	힘 세고 높은 자리에 있는 사람 앞에서 굽실거리는 사람에게 쓰는 말
벼는 익을수록 고 개를 숙인다.	사람도 많이 알고 생각이 깊어질수록 겸손해져야 한다는 말

다음 빈칸에 알맞은 말을 채워 속담을 완성해 보세요.

속담	뜻
공든 탑이 무너지랴?	힘을 다지고 정성을 기울여 한 일은 그 결과가 헛되지 않고 반드시 좋은 결과를 얻을 수 있다는 말
구 더 기 무서워 장 못 담글까?	무엇인가를 꼭 해보고 싶은데 뒷일이 걱정된다든지 작은 방해 때문에 망설일 때 쓰는 말
구 슬 이 서말이라도 꿰어야 보 배	제아무리 훌륭한 능력이라도 제대로 발휘하지 못하면 아무 쓸모가 없다는 뜻
귀에 걸면 귀 걸 이 코에 걸면 코 걸 이	자기의 일정한 생각이 없이 이랬다저랬다 하는 줏대 없는 사람이나 그와 같은 상황에서 쓰는 말
금 이야 옥 이야 한다.	놓치면 깨질까, 불면 날아갈까 하면서 귀하게 키운 자식을 가리킬 때 쓰는 말
꿩 먹고 알 먹는다.	어떤 일을 했는데 미처 예상하지 못했던 일이 동시에 이루어져서 이익을 보았을 때 쓰는 말
낫 놓고 기 역 자도 모른다.	눈앞에 뻔히 보이는 일을 쉽게 깨닫지 못하는 사람을 비꼬는 투로 쓰는 말

1단계

다음 글에서 '나'자가 모두 몇 번 사용되었는지 찾아보세요.

"ㅇㅇ야, 빨리 들어와! 일찍 왔구나."

"안녕-하-세-요?"

아이는 아주 작은 목소리로 인사하면서 고개를 움직이고 손은 뒤로 하고서 나의 표정을 살펴본다. 자기 학년보다 작고 마른 체형에 얼굴에는 검은 자국의 때가 끼어 있고 지저분한 옷을 입고 까만 맨발에 실내화만 신고 있다. '나와 만난 지 1년이 다 되어 가는데도 아직도 이런 모습이라니?' 하며 속상할 때도 있지만, 습관처럼 느껴져 이제는 아무렇지도 않다.

"어서 들어와. 선생님 커피 마실 건데 너도 코코아 마실래?"

"예--"

내 찻잔 하나와 아이의 컵이 팔팔 끓고 있는 포트 옆에 나란히 놓여 있다. 드르륵-- 문이 열리고 여자 아이가 들어오면서 인사를 한다.

"선생님, 안녕하세요? 이건 뭐예요?"

"그래, 어서 와."

바짝 마른 몸에 옷은 너무나 커 보이기만 하고, 조막만한 얼굴에 오밀조밀한 이목구비를 한 아이는 새로운 세상에 처음 온 것처럼 신기해하고 질문을 계속해 온다.

답: 6번

다음은 동화 〈토끼와 거북이〉입니다. 여기서 '토끼'와 '거북이'가 모두 몇 번 나왔는지 찾아보세요.

옛날옛날 아주 먼 옛날에 거북이와 토끼가 살았습니다.

거북이: 야, 토끼야! 너 왜 그렇게 야비하게 생겼니?

토끼: 뭐라고?

거북이: 너 귀 없냐? 너 야비하게 생겼다고~

토끼: 야, 그래도 너보다 잘하는 것 많거든?

거북이: 야, 솔직히 네가 나보다 뭐가 낫냐? 너는 얼굴도 안 되지. 공부도 못하지. 아! 년 수영도 못하는 구나~

토끼: 뭐? 나는……. 아! 달리기 잘한다, 왜?

거북이: 그렇다면 증명해 봐. 내가 거북이 사이에선 인터넷보다 더 빠르다고 통한다. 해 봐, 해 봐~

토끼: (혼잣말로) 그래, 네가 이기나 내가 이기나 보자.

토끼: 그러지 뭐.

답: 4번

1단계

다음 이야기를 읽고 물음에 답하세요.

　　옛날 어떤 선비가 과거를 보러 한양으로 가는 길에 깊은 산중을 지나게 되었다. 이곳에서 그 선비는 큰 구렁이가 나무 위로 올라가는 것을 보게 되는데, 그 나무 위에는 까치집이 있었고 그 속에는 이제 막 날려고 날갯짓을 하는 까치가 있었다.

　　순간적으로 구렁이가 까치를 잡아먹으려 그 둥지로 향하고 있다고 생각한 선비는 돌을 들어 정확하게 구렁이에게 던져 그 구렁이를 죽이고 말았다. 그런 일이 있은 후 그 선비는 계속 길을 가다가 날이 저물어 깊은 산속을 벗어나지 못하고 그만 길을 잃었는데 멀리서 불빛이 하나 보였다.

　　뛸 듯이 기뻤던 선비는 곧장 불빛이 새어나오는 곳으로 달려가 그 집 문을 두드렸다. 그 집에는 소복을 입은 부인이 혼자 살고 있었는데 선비가 하룻밤 묵어가길 청하니 흔쾌히 허락해 주었다.

　　그 집에서 저녁을 먹고 곤히 자고 있는데, 몸이 점점 조이는 느낌이 있어 선비가 놀라 눈을 뜨니 아까 그 부인이 자신의 몸을 온몸으로 죄고 있었다. 자세히 보니 그 부인은 얼굴은 부인인데 몸은 이미 구렁이로 변해서 자신의 몸을 죄고 있었던 것이다.

　　선비가 놀라 왜 자신을 해치려 하는지 묻자 낮에 선비가 돌로 죽인 구렁이가 자신의 남편이라고 부인이 말했다.

　　선비는 그 부인에게 사정을 하였다 . 내가 그러한 것을 모르고 한 일이고 또한 낮에 당신 남편은 이제 갓 날갯짓을 하려고 하는 까치를 잡아먹으려고 했기 때문에 내가 그것을 보고 가만히 있을 수 없어서 한 일이니 너그럽게 용서를 해달라고 빌었다.

　　그러자 그 부인은 "저 아래 다 허물어진 절이 하나 있고 그 절에는 종이 있는데 새벽닭이 울기 전에 누군가 그 종을 치는 소리가 들리면 살려주겠다."라고 말했다. 사람이 아무도 없는 이 깊은 산속에 그것도 폐허가 된 절에 사람이 있을 리도 만무하지만 사람이 있다 하더라도 그 종을 쳐 줄 리가 없기 때문에 선비는 이제 죽었구나 생각하고 있었다.

그런데 갑자기 그 절의 종소리가 '댕~' 하고 울렸다. 얼마 후 또다시 종소리가 '댕~'하고 울렸다. 그러자 그 부인은 약속은 약속이니 만큼 분해하면서도 할 수 없이 선비를 놓아 주었다.

다음날 아침 일찍 선비는 폐허가 된 절로 가서 종을 찾아보았다. 종을 찾아 주위를 둘러보니, 큰 까치 두 마리가 종에 머리를 부딪쳐 피를 흘리며 죽어 있었다. 생각해 보니 이 까치들은 어제 낮에 자신이 구해준 새끼 까치의 어미, 아비인 듯했다. 즉, 그 까치들은 구렁이로부터 자신들의 새끼를 구해준 선비를 살리려고 아무도 없는 빈 절의 종에 자신의 머리를 부딪쳐 소리를 내고 죽음의 길로 갔던 것이다.

- 이 동화에서 '까치'는 몇 번 나오는가? 8번
- 이 동화의 소재는? 까치
- 이 동화의 주제는? 보은
- 이 동화를 읽은 소감은? 우리 주변에는 도움을 받고도 감사하다는 표현조차 하지 않는 사람들이 많다. 이 동화를 읽고 말 못하는 까치도 은혜를 갚기 위해 자신의 목숨을 바치는 것을 보고 지금까지 나에게 도움을 주었던 많은 분들의 얼굴을 떠올려 보았다. 그리고 나도 다른 사람을 도울 수 있는 사람이 되기 위해 더 열심히 노력해야겠다고 생각했다.

다음 이야기를 읽고 물음에 답하세요.

옛날 옛날에 흥부와 놀부 형제가 살고 있었다. 어느 날 아버지가 돌아가시자 형인 놀부는 나쁜 마음을 갖고 재산을 모두 독차지하고서는 아우인 흥부를 빈털터리 신세로 집에서 내쫓아 버렸다. 쫓겨난 흥부의 아이들이 배가 너무 고프다며 울부짖자 흥부는 형인 놀부의 집으로 찾아가 밥을 구걸했다. 놀부의 아내가 흥부에게 줄 밥은 없다고 화를 내면서 밥주걱으로 흥부의 왼쪽 뺨을 세게 때렸다. 흥부는 울먹이며 오두막집으로 돌아가 뺨에 붙어 있는 밥풀을 떼어서 아이들에게 주었다.

그러던 어느 날 길을 걸어가던 흥부는 다리가 부러진 제비를 발견했다. 제비의 상처를 본 흥부는 제비의 다리를 정성껏 치료해 주고는 하늘로 날려 보냈다. 얼마 뒤 제비는 흥부에게 은혜를 갚기 위해 박씨를 물어다 주었다. 흥부는 제비에게 받은 박씨를 집 마당에 심었다. 며칠 뒤 흥부의 집 마당에 아주 커다란 박이 열렸고, 흥부와 아내와 아이들은 그 박을 갈랐다. 그랬더니 그 안에서 금은보화가 나와 흥부는 동네에서 제일 큰 부자가 되었다. 흥부가 부자가 되었다는 소식을 듣게 된 놀부는 흥부의 집으로 찾아갔다. 흥부의 다 쓰러져가던 오두막집은 크고 멋진 기와집으로 변해 있었고, 흥부와 흥부의 아내와 아이들은 고운 비단 한복을 입고 있었다. 그리고 집안에는 금은보화가 가득했다. 샘이 난 놀부가 어떻게 된 것이냐고 흥부에게 물었더니 흥부는 제비의 다리를 치료해 주었던 이야기를 놀부에게 해 주었다.

집으로 돌아온 놀부와 놀부의 아내는 욕심이 나서 제비를 잡아 일부러 다리를 부러뜨리고는 치료를 해 주고 제비를 하늘로 날려 보냈다. 얼마 뒤 놀부에게 치료를 받았던 제비가 날아와 놀부에게도 박씨를 물어다 주었다.

놀부는 그 박씨를 집 마당에 심어놓고 며칠 동안 박이 자라기를 기다렸다. 그리고 얼마 뒤 놀부의 집 마당에도 큰 박이 열렸고, 놀부와 아내가 그 박을 갈라 보았다. 그런데 도깨비들이 나와 놀부와 아내를 방망이로 때리고 집을 부수고 쌀과 보석을 모두 가지고는 사라졌다.

놀부의 소식을 듣게 된 흥부는 놀부를 불쌍히 여겨 놀부와 놀부의 아내를 자신의 집으로 데려왔다. 놀부와 놀부의 아내는 자신들의 잘못을 깊이 반성하고 흥부 가족과 함께 행복하게 살았다.

- 이 동화에서 '제비'는 몇 번 나오는가? 9번
- 이 동화의 소재는? 제비, 박
- 이 동화의 주제는? 권선징악
- 이 동화를 읽은 소감은? 흥부를 통해 착한 일을 하면 결국에는 복을 받게 된다는 사실을 알게 되었다. 지속적인 사랑은 욕심 많은 놀부도 변화시켰다. 착한 행동을 하면 그것이 어떠한 형태로든 선하게 되돌아온다.

다음은 발음하기 어려운 단어가 연달아 들어 있는 문장입니다. 자연스럽게 말할 때까지 읽어 보세요.

- 간장공장 공장장은 강 공장장이고, 된장공장 공장장은 공 공장장이다.

- 저기 있는 저 분이 박 법학박사이시고, 여기 있는 이 분이 백 법학박사이시다.

- 저기 가는 저 상 장사가 새 상 장사냐, 헌 상 장사냐.

- 중앙청 창살은 쌍창살이고, 시청 창살은 외창살이다.

- 사람이 사람이라고 다 사람인 줄 아는가, 사람이 사람 구실을 해야 사람이지.

- 한양 양장점 옆 한영 양장점, 한영 양장점 옆 한양 양장점.

- 저기 있는 말뚝이 말 맬 말뚝이냐, 말 못 맬 말뚝이냐.

- 옆집 팥죽은 붉은 팥 팥죽이고, 뒷집 콩죽은 검은 콩 콩죽이다.

- 멍멍이네 꿀꿀이는 멍멍해도 꿀꿀하고, 꿀꿀이네 멍멍이는 꿀꿀해도 멍멍하네.

- 들의 콩깍지는 깐 콩깍지인가 안 깐 콩깍지인가.

  깐 콩깍지면 어떻고 안 깐 콩깍지면 어떠냐.

  깐 콩깍지나 안 깐 콩깍지나 콩깍지인데.

활동 25 | 감정을 실어서 말하기

다음 글의 상황을 떠올리며 감정을 실어서 읽어 보세요.

- 겨울이 지나고 봄이 되었습니다. 봄은 개나리꽃의 계절입니다.

- 개나리꽃이 피어남과 동시에 모든 것이 새로워진 느낌이 듭니다.

- 봄이 지나고 여름이 되었습니다. 여름은 바다의 계절입니다.

  휴일에는 많은 사람으로 해변이 붐빕니다.

- 여름이 지나 가을이 되었습니다. 가을은 들과 산의 계절입니다.

  학교에서는 아이들이 소풍을 갑니다.

- 가을이 지나 겨울이 되었습니다. 겨울은 눈과 얼음의 계절입니다.

  휴일에는 많은 사람들이 스키를 타러 갑니다.

활동 26 | 주의집중력 체크

주의집중력 체크는 간단하지만 짧은 시간의 주의집중력 향상 훈련을 통해 긴 시간 집중할 수 있게 해 주며, 집중할 수 있는 시간을 스스로 정해서 지킴으로써 공부에 대한 욕구가 생기도록 해 줍니다.

공부를 하다가 의자에서 일어나거나 딴짓을 할 때, 또는 딴생각이 들어 주의가 산만해진 경우 주의집중력 체크지에 표기하세요. 체크지는 일주일용입니다. 오전, 오후, 저녁으로 나누어 주의가 산만해질 때마다 '正'자를 그려 나가세요.

요일	주의 산만 횟수		
	오전	오후	저녁
월요일			
화요일			
수요일			
목요일			
금요일			
토요일			
일요일			
평균	회		

주의집중력 체크지를 통해서 일주일 동안 자신이 공부를 하면서 얼마나 주의집중을 하지 못했는가를 반성하고, 주의 산만 횟수를 점차 줄여 나갈 수 있도록 훈련을 해 보세요. 훈련을 거듭할수록 주의집중력이 높아짐을 느낄 수 있습니다.

주의집중력 향상 훈련은 먼저 평균 집중 시간을 적고 여기에 10분을 더해 목표 집중 시간을 정해서 일주일 동안 공부하는 데 적용해 보는 것입니다. 목표 집중 시간만큼 집중할 것을 스스로에게 약속하고 실천에 옮깁니다.

약속을 지키면 약속 카드에 ☺을 그려 넣고, "잘했어. 넌 참 대견해! 앞으로 더 잘할 수 있을 거야."라며 스스로를 칭찬합니다. 만약 약속을 지키지 못하면 약속 카드에 ☹을 그려 넣고, "이번에는 약속을 지키지 못했지만 다음에는 꼭 지킬 수 있어. 넌 할 수 있어!"라고 스스로 다짐한 후 다시 공부를 시작합니다.

약속 카드				
평균 집중 시간		(분)	목표 집중 시간	(분)
월요일				
화요일				
수요일				
목요일				
금요일				
토요일				
일요일				
☺의 개수: ___개			☹의 개수: ___개	

✎ 일주일 동안 그려 넣은 ☺과 ☹의 개수를 세어 보고 목표로 한 시간을 충분히 지킬 수 있다고 생각되면 집중 시간을 10분 더 늘립니다. 만약 목표한 시간을 지키기 어려운 경우에는 현재대로 좀 더 연습을 합니다.

고도 치하루 저, 오희옥 역(2005). 기억력 10배 올리는 방법 47. 북폴리오.

게리 스몰 저, 이동우 역(2008). 게리 스몰 박사의 기억력을 되살리는 기적의 14일. 시그마북스.

다르마 싱 칼샤 저, 허동규·추선희·장현갑 역(2008). 치매 예방과 뇌 장수법-당신의 지력과 기억력을 향상시키는 의학 프로그램. 학지사.

라이프 엑스퍼트 저, 전경아·박광종 역(2007). 집중력과 기억력을 향상시키는 놀라운 기술. 기원전.

마사 와인먼 리어 저. 박종성 역(2008). 안녕하세요, 기억력: 건망증의 굴욕에서 섬광기억의 신비까지, 생활 속 기억력의 유쾌한 발견. 웅진지식하우스.

문선모(2008). 기억력과 집중력 향상 기술. 원미사.

서울시교육청(2009). 자기주도학습장학자료(초등학교). 서울시교육청.

서울시교육청(2009). 자기주도학습장학자료(중학교). 서울시교육청.

서울시교육청(2009). 자기주도학습장학자료(고등학교). 서울시교육청.

스즈키 겐지(2008). 결정적 순간에 성공하는 기억력 트레이닝. 으뜸사.

아론 P. 넬슨 저, 최경규·정지향 역(2009). 치매예방과 최적의 기억력. 조윤커뮤니케이션.

야마시타 후미요 저, 신미숙 역(2003). 기억력을 기른다. 지식공작소.

에란 카츠 저, 박미영 역(2008). 슈퍼 기억력의 비밀: 기네스북에 오른 기억력 천재 에란 카츠. 황금가지.

오드비에른 뷔 저, 정윤미 역(2008). 기억력천재의 비밀노트: 숫자기억하기 세계기록 보유자. 지상사.

윌리암 워커 앳킨슨(2007). 기억력은 힘: 성공을 가져오는 무한의 힘. 챕터하우스.

캐서린 제이콥슨 라민 저, 이영미(2008). 당신의 뇌를 믿지 마라: 일상을 뒤흔드는 건망증의 위험과 기억력의 비밀. 흐름출판.

이영호·최정원(2006). 기억력 향상 전략-학생용[학습 치료프로그램 시리즈]. 학지사.

이현정(2009). 공부의 왕도 1: 기억력. 지식채널.

전도근(2009). 자기주도적 공부습관을 길러주는 학습코칭. 학지사.

타고 아키라 (2006). 기억력 100배 휘어잡기-상위그룹 학생들의 공부 비법. 예림미디어 .

토니 부잔 저, 김원옥 역(2008). 기억력과 집중력을 위한 마인드맵. 부잔코리아.

타시로 타카라 저, 신금순 역(2008). 머리가 좋아지는 기억력 훈련북. 넥서스주니어.

한마음사 편집부(1997). 기억력-그 구조와 증진법. 한마음사.

한정혜·우연정(2003). 머리가 좋아지는 똑똑 기억력. 깊은책 속 옹달샘.

저자 소개

전도근

공주대학교 일반사회교육과를 졸업하고 경희대학교 교육대학원에서 교육공학을 공부하였으며, 홍익대학교에서 평생교육정책으로 박사학위를 받았다. 의정부고등학교와 의정부여자고등학교, 화수고등학교에서 16년간 교사로 학생들을 지도하였고, 강남대학교에서 5년간 강의하였다. 지금까지 교육, 컴퓨터, 요리, 자동차, 서비스 등과 관련된 50여 개의 자격증을 취득하였으며, 각 대학교, 지방자치단체, 교육청, 평생교육원, 국가전문행정연수원 및 각종 기업체 연수원 등에서 2,000여 회 이상 특강을 하였다. 제1회 평생학습대상 특별상을 수상하였고, SBS 〈순간 포착 세상에 이런 일이〉, KBS 〈한국 톱텐〉에 소개된 바 있다. 『엄마는 나의 코치』 『공부하는 부모가 공부 잘하는 자녀를 만든다』 『생산적 코칭』 『명강사를 위한 명강의 전략』 『자기주도적 공부습관을 길러 주는 학습코칭』 등을 비롯한 70여 권의 책을 집필하였다.

자기주도적 학습전략 시리즈 [교사용 지도서]

2 공부의 달인이 되는 주의집중력 향상 전략

2010년 2월 26일 1판 1쇄 발행
2014년 1월 20일 1판 3쇄 발행

지은이 • 전 도 근
펴낸이 • 김 진 환
펴낸곳 • ㈜ **학지사**

　　　　　121-837 서울시 마포구 서교동 352-29 마인드월드빌딩 5층
대표전화 • 02) 330-5114　　　팩스 • 02) 324-2345
등록번호 • 제313-2006-000265호
홈페이지 • http://www.hakjisa.co.kr
커뮤니티 • http://cafe.naver.com/hakjisa

ISBN 978-89-6330-323-9 04370
　　　978-89-6330-321-5 (set)

정가 10,000원

인터넷 학술논문원문서비스 **뉴논문** www.newnonmun.com